经典的力量

心宿二 著

中国出版集团

现代出版社

图书在版编目（CIP）数据

经典的力量 / 心宿二著 . -- 北京 : 现代出版社，
2021.7

ISBN 978-7-5143-9357-6

Ⅰ . ①经… Ⅱ . ①心… Ⅲ . ①读书笔记—中国—现代
Ⅳ . ① G792

中国版本图书馆 CIP 数据核字 (2021) 第 158659 号

经典的力量

作　　者	心宿二	
责任编辑	姜　军　王志标	
出版发行	现代出版社	
地　　址	北京市安定门外安华里 504 号	
邮政编码	100011	
电　　话	010-64267325　64245264（传真）	
网　　址	www.1980xd.com	
电子邮箱	xiandai@vip.sina.com	
印　　刷	三河市国英印务有限公司	
开　　本	880mm×1230mm　1/32	
印　　张	6.5	
字　　数	115 千字	
版　　次	2021 年 8 月第 1 版　2021 年 8 月第 1 次印刷	
书　　号	978-7-5143-9357-6	
定　　价	36.00 元	

经典才能经得起时间的考验
（自序）

从小到大，我业余也读了一些书，于是我很想谈谈曾经读过的那些书……

读书的感觉很奇妙，读书与游戏正好相反。后者充满诱惑，极容易进入，一旦进入之后内心充满了快感和空虚；而前者进入的过程难，常常需要鼓起勇气，摆脱手机等"精神鸦片"的蛊惑和纠缠，才能渐渐步入阅读的天地。

所以如果读者和我一样，也需要很长的准备工作才能开始读书，那么我们真的应该握握手。

但是经过了几分钟的游移不定之后，终于进入了阅读的状态，才开始渐入佳境，内心慢慢产生的充实感弥漫开来。书中的文字，渐渐勾起了无数畅想，那些情景斑驳杂陈地形成了一张心底的屏幕，边看边默默地把说不尽的惺惺相惜、无法言说的满足、哲理和美带来的感动，通通编辑成弹幕发上去。

有多少书，读到潸然泪下，有多少书，读到忍俊不禁，有更多书，让人只想长叹，因为在静谧的阅读时空中，没有其他途径可以抒发这种平静的幸福；甚至有一些书，会激起人心底的志向，从而决定一个人成长的轨迹。

读到好书时的感觉，如黛玉读西厢"词藻警人，余香满口"，读完之后，又如庖丁解牛后，"为之四顾，为之踌躇满志"。

为之四顾总是有些许寂寞，说出来，告诉别人，是内心涌动的本能。向谁述说呢？最理想的莫过于告诉同样热爱读书的读者。

无数人都在阅读的"通天塔图书馆"里徘徊，笔者不知道你们在哪里，但是知道你们当中的一部分与我有着相似的阅读感受，或许此刻，你正在本书书页的另一端为了某一个句子发出会心的微笑。

也有可能，年轻的你还在为读哪些书而感到困惑，这并不奇怪，每个人已知的领域都是一个有限的圆圈，而我一想到我的圆圈中让我叹息过的好书可能还没有进入你的圆圈，我就觉得必须要写出来，告诉你它们曾经带给我的感动。

就像我曾经写过一篇读《杀死一只知更鸟》的评论，发在我和朋友的教育公众号上。发出之后，很多朋友都因为看了这篇文章而买了这本书来读，这件事情让我既开心又有了信心，真诚的文字的确有力量促进人们的行为。这次我也把这篇文章收录进来。

我当然也略有担心，这样有些主观的写法，对于年轻的读者朋友来说，会不会限制他们的思想？但想过之后也就释然，每个人的感悟都不可能相同，你有一个苹果，我有一个苹果，我们各自交换，每人仍有一个苹果。你有一个思想，我有一个思想，我们交换后，每人有两个思想，现在我只是在捧出自己的苹果而已。

在选书的过程当中，我主要考虑了几个原则：

首先当然是质量过硬，经典才能经得起时间的考验。我力求在经典当中选择不太无聊的，以及行文及思想都比较干净的，风格比较积极、乐观、美好的书籍。世上的黑暗有很多，年轻的时候却不必太早去看透，年轻人有玻璃一样透亮的心灵，无须把他们早早地变成毛玻璃，《杀死一只知更鸟》就是这样一本纯净的适合全年龄段人群阅读的好书。

要面向未来，过去的经典很重要，未来的世界更美好，如果我们不想被时代抛弃，必须保持对未来的敏感。笔者近几年深深地感知到社会中不可或缺的是理性和智慧的力量，所以本书介绍人文书籍，同样也力荐科普类和科幻类图书。

1963 年，10 岁的男孩安德鲁·怀尔斯遇到了一本书，叙述了费马大定理的历史，当时这还是一个悬而未决的难题，怀尔斯被吸引住了。今天，怀尔斯已经解决了这个大问题，但如果今天的孩子读到西蒙·辛格写的《费马大定理：一个困惑了世间智者 358 年的谜》，可能同样会激起他对数学的热爱。

中国人崇尚"博学之，审问之，慎思之，明辨之，笃行之"，西方也大力推行通识教育，见多才能识广，中西各有所长，中文行文优美，西语逻辑明晰，所以我们也要面向世界，兼具中西所长才能培养更加完善的性格、自由的思想和思辨的能力。

在本书书目的选择上，确实也带有一些个人喜好的色彩，但是谁没有自己的偏好呢？每一个角度对读者来说可能都是一个启发，愿更多的年轻人读后从自己的角度来与我交换思想。

"左图右史，邺架巍巍，致知穷理，学古探微"，读书带来的绝不仅仅是曲高和寡，笔者置身幻想中的书斋，在好书的环绕中向读者发出阅读的邀约，您，准备好了吗？

目 录

3

01

慢慢读，欣赏啊！
——朱光潜《谈美》

> 悠悠的过去只是一片漆黑的天空，我们所
> 以还能认识出来这漆黑的天空者，全赖思想家
> 和艺术家所散布的几点星光。朋友，让我们珍
> 重这几点星光！让我们也努力散布几点星光去
> 照耀那和过去一般漆黑的未来！
>
> ——朱光潜《谈美》

庄子和惠施站在濠水河边看鱼。

庄子看了一会儿，不由赞叹道："看这些鱼悠悠荡荡的，它们多快乐啊！"

惠施作为以辩论著称的名家名士，立马追问庄子道："你又不是鱼，怎么会知道它们快乐不快乐？"

庄子可不是轻易服输的人，他信心满满地应对："你又不是我，你怎么知道我不知道鱼的快乐？"

在这个小故事里，你觉得谁更有道理呢？

曾经我很赞同惠施，觉得庄子输了，对方说你不是鱼，不知道鱼的快乐，你就说惠施不是庄子，不知道庄子知道鱼是快乐的，那不是承认了必须是本尊才能体会到自己的快乐，你的反驳还是建立在对方的论点上啊？

不过，现在我的看法又发生了转变。

如果说惠施用的是一种科学或者实证的态度来看待事物，那么庄子用的是一种审美的态度来欣赏事物。

当我们观察一件事物，比如水中的鱼，如果我们想到的是它的用途，想到今晚的鱼汤该有多么鲜美，我们便是用了一种实用的态度去看它；倘若好学的孩子要去研究一下这条鱼属于什么科属种，生活在哪个水域、什么季节产卵，鱼的性情是活泼还是好静，那他是用科学的态度去看鱼；如果我们仅仅是看它在水中漂漂荡荡游来游去，就感受到了生命的美好和喜悦，那么我们便是用审美的态度在看待它。

实用的、科学的、美感的三种态度学说来自我国著名的美学家朱光潜先生，他在《谈美》一书中第一篇就提出了这几个概念。当我第一次读到这三个概念时，豁然开朗，惊讶它们如此准确，是的，这就是人们看待问题的几种方式。

据说，如今我们社会当中文盲渐渐少了，美盲却依然很多。不得不说，这种说法无情地揭示了现实的窘状：我们当中的多数人，还处在欲求境界和求知阶段。

在有些人的心目中，只有饮食男女基本的生理需求才是重要的，才是需要考虑的，他们用了实用的眼光来看待所有的事情：它是否对我有用？如果没有，那还有什么保留的价值呢？

曾经某地的农民，因为城市化改造而住进了先进的社区，老阿姨们看见社区里大片大片的绿茵和花圃，觉得毫无用处，太浪费，便把花草都拔掉种上菜，这就是一种实用的做法。中国人苦日子过惯了，忘记了生活中还有闲而无用的"美"，这一点我们还是可以理解的，但是现在生活水平已经大为提升，无视美的习惯依然在惯性地支配着我们的思维。

中小学的音乐、美术课随时可以被取消，同时又有那么多的孩子在课外学习乐器，为什么？很重要的一个原因是学乐器"有用"，可以进乐团，升学可以加分，可以在人前表演展示，但有几个是真正感受到了音乐之美呢？很多孩子考过了九级之后就再也不去摸琴了。

当你的心中充斥了功利，对美的感觉就大打折扣，就像朱光潜在书中所说："审美者的本领就在能不让屋后的一园菜压倒门前的海景，不拿盛酒盛菜的标准去估定周鼎汉瓶的价值。他们能跳开利害的圈套，只聚精会神地观赏事物本身的形象。"

很多东西的使用价值会随历史的发展而消失，唯有文化生生不息。长城早已失去了原本的作用，只留下美学意义，它如一条巨龙蜿蜒在北国的崇山峻岭，已经成了中华民族的精神象征。

如果说忽视美是一种无心之失，那么制造丑可以说是哗众取宠了，由于鉴赏力的缺失，许多人本意是力图创造美，结果却是在展示丑。

前一段时间，四川省安岳县的石窟佛像经历了一次"美化修复"的浩劫，原本的佛像慈悲庄严、神态安详，仿佛刚刚从大唐盛世风尘仆仆地穿越而来，令人肃然。然而修复之后的佛像，画着妖冶的眉眼，披红挂绿，顿时变身如花，与其身份非常不相符。在修复者的眼中，鲜艳簇新的佛祖无疑是最美的，对于他们的眼光，我们只能称为"迷之审美"。

在书法界流行一种"丑书"，不知道书写者是否经过专业的训练，但凭"创意"独辟蹊径，乱涂乱画，意图创造一种与众不同的视觉效果。这样的作品还时有出现，似皇帝的新衣，周围一堆人追捧。

你可能会反驳说，本来"美"就是一种主观体验，是作者情感的流露，你自己欣赏不了，凭什么就认为它们是不美的呢？那是因为大凡艺术都有一定的规矩，诗歌有格律，音乐有和声，书法讲究笔锋布局与气韵，最好的艺术家都是"从心所欲，不逾矩"，规矩从不能束缚天才，也绝不会把庸手提拔到艺术家的位置。

所以在培养公民审美和创造美的道路上，我们的民族还是任重道远。至于如何培养呢？且先在无尽的古典文化宝库中慢慢浸染，在类似《谈美》这样的好书中不断汲取养分吧。

《谈美》这本书是朱光潜先生年轻时所著，很多观点都让人叹服。从这本书中，我了解了为什么距离会产生美，为什么情人眼里出西施。我也第一次意识到，面对事物，快感不是美感；面对美，批评不是欣赏，考据也不是欣赏，有很多从未意识到的问题，都被朱先生一一解读出来，指点着我去思考。

其中有一个问题，古往今来争论较大，也给了我新的启发，就是"文以载道"的问题。文字是美的，但写作之美，到底是文字本身的美，还是文字传达的思想之美？

"内容派"认为，文艺是表现情思的，文艺的价值要看它表现的情思内容而定，好的作品都有高深的思想和真挚的情感。"形式派"则认为应该"为艺术而艺术"，一把椅子几间破屋都可以入画，浪漫主义的文学作品也不怎么看重内容。

中国文学在六朝时期文风日渐浮夸绮丽，为了纠正这股文学的绮靡之风，韩愈倡导了"文以载道"的古文运动，经欧阳修、苏轼等人传承，千百年来文字为思想服务可称得上主流学界的共识了。

朱光潜先生是怎样说的呢？他说："两派的学说都持之有

故、言之成理，我们否认内容和形式可以分开来讲，但就美感和联想这个问题，我们赞成形式派的主张。"

我一开始不以为然，我以前一直都比较推崇"文以载道""言之有物"，以为思想性是文章的根本，我不太喜欢内容空洞，靠辞藻华美招揽读者的"美文"。现在我梳理其中的逻辑，才发现好的作品既给人美的享受，也充满人生智慧，但前者是必不可少的。

"形象大于思想，想象重于概念"是审美的特征，鲁迅先生用"为艺术而艺术"来解释文学的自觉，当"美"本身而不是其他政治或劝勉的内容成为艺术的目的，文学也获得了自由。我之前推崇的思想性较强的文章，"工具"的成分或许已经多于"文学"的成分，虽然这二者常常交织在一起。

唐诗强在抒情，宋诗强在说理，唐诗地位远高于宋诗——我都怀疑好诗都被唐朝人作尽了，宋朝人不得不发展词这种形式——也算是文不输道的一个例证吧，高超的艺术仅凭形式就可以征服人心，毕竟，美起于主观的直觉、心动的感受。当自然界发生细微的变化时，如同青蛙跃入古池中的那扑通一声，美就从那一圈涟漪荡漾入人的心中。

杜甫是伟大的现实主义诗人，但他也写"两个黄鹂鸣翠柳，一行白鹭上青天。窗含西岭千秋雪，门泊东吴万里船"这样的诗。绿配黄是娇嫩的春天的颜色，青配白是典雅的中国式审美。几句简单的诗，既有明丽的颜色，又有顿挫的节奏，也有温暖的意境，可这中间传递了什么"道"呢？这样的诗人，真是文也好，道也罢，写什么有什么。怪不得有哲学家说过，从道德境界到审美境界，是一种提升。

现在我们的生活已经今非昔比，审美也要相应提升，才能在人生之中更添情趣，活得更有质量。

就像本书的最后，作者提到阿尔卑斯山路旁立的标语牌："慢慢走，欣赏啊！"人们啊，慢慢走，慢慢读，用心感受、欣赏一下这丰富华丽的世界吧！

02

草原，淡紫色的远方

——契诃夫《草原》

俄罗斯人喜欢回忆，却不喜欢生活，这一点叶戈鲁什卡还不懂。这顿饭还没吃完，他就已经深深相信，围住锅子坐着的这些人都是受尽命运的捉弄和凌辱的人。

——契诃夫《草原》

魅力四射的男神作家

我小时候曾经读过女作家张洁的短篇小说《爱，是不能忘记的》，对于情节早已忘记，只记得女主人公有一套27本的《契诃夫小说选》，她的女儿也有一套，逢到有人想要借阅的时候，她便去女儿房间里拿一本借给别人，即使人家已经拿了她那套里的一本，她也要立刻拿女儿的去换回来。平常她会一个人对着这套书发呆，如果被人撞见，就会慌乱不安，以至女儿想，她一定是爱上契诃夫了吧。

不管是什么原因，契诃夫的魅力可见一斑，有人说："姑娘们追一部剧换一个老公，我是翻一本书换一个男神。"看一眼印在扉页上的年轻的契诃夫头像，在文字、性格和皮囊的三重吸引力之下，估计大多数姑娘都会爱上契诃夫。

契诃夫年轻时原本是要当医生的。在莫斯科大学医学系念书的时候，他以安东沙·契洪特这个名字给幽默刊物投稿。他才思敏捷，往往一挥而就写出短小幽默的文字，虽然也有《变色龙》《万卡》（现译《凡卡》）这样的精品，但大多数都属于逗人发笑的作品，离传世之作还差得较远，想来他大约是以玩票的心态做一个"流量明星"。

但是后来，以《第六病室》为代表的作品，犀利又深刻，没有一点插科打诨，充满了悲悯与抗争，完全可以跻身世界最优秀的文学作品之列。评论家霍达谢维奇后来说："契诃夫像是用一只既柔和又严厉的手掌摸到了安东沙·契洪特的脸上，说：'别做怪脸了！别再调皮了！'在这只手掌的调教下，他的面孔越来越严肃，最后变得非常忧伤。……契诃夫终于从一个幽默作家变成了一个抒情作家。"

为什么俏皮的契诃夫转变为严肃的契诃夫了呢？一个有趣的插曲是，1886年，老作家格里戈罗维奇读了契诃夫的《猎人》之后，便给他写信，在热情赞美契诃夫的同时，也希望他要严肃地对待创作，不要辜负了自己的天赋。契诃夫受宠若惊，他立刻回信："您的来信像闪电一样震动了我。我激动得几乎要哭泣，现在我的心灵也还不能平静。我不知该说些什么和做些什么来报答您……"到底用什么报答老作家的厚爱与眷顾呢？必须要拿出实际的行动啊，于是，中篇小说《草原》诞生了，这可以说是契诃夫的第一篇用心之作，收获了一众作家同人的好评，他自己也相当满意。

《草原》这部中篇小说，不像之前的作品那样有太多的俏皮，也没有之后作品的深沉与鞭笞，只有温柔的爱。闻一多说："诗人的天赋是爱，爱他的祖国，爱他的人民。"这篇8万字的中篇小说，像一首抒情的散文诗，渗透出对草原、故乡和农民的爱。它让人不由自主地回忆起自己的童年情景中那些淡淡的忧伤和成长的印记，让人想起普希金的诗句"一切都将会过去，而那过去了的，就会成为亲切的怀恋"。

北方的草原之子

在遥远的北方，冰天雪地里有一群俄罗斯人，这个民族在全球是一个奇特的存在，他们看上去像北极熊一样勇猛，他们性格彪悍，喝酒豪放，被称为战斗民族。

然而他们又如同开了挂一般在科学、艺术的每个领域都大放异彩。化学中的元素周期表、生物学的条件反射、电磁学的楞次定律等都来自俄罗斯人，连宇宙起源的大爆炸理论也是他们提出的，而更加令人惊叹的是那些细腻的艺术：音乐、芭蕾、戏剧、绘画、艺术体操……通通都是他们的强项。

至于文学，那也是神一般的存在，陀思妥耶夫斯基、托尔斯泰……文学巨匠数不胜数，一般的角色甚至都排不上名次，这到底是为什么？

你当然可以认真地从制度文明等各个方面去分析，但是我无端地相信，这里严酷的环境塑造了他们的性格，人需要的不是三尺土地，也不是一个庄园，而是整个大自然，在广袤的天地中人能够尽情发挥他自由精神的所有品质和特点。就像契诃夫在《草原》里面描绘的那种生存，人与自然既依存又对抗，草原就是俄罗斯，是俄罗斯人勇气和创造生生不息的地方。

《草原》这篇故事，取材于作者幼年时坐马车去祖父家的经历，描写了 9 岁的男孩儿叶戈鲁什卡随舅舅和神父穿过草原去省城求学的故事。故事缓慢抒情，因为在孩子的眼里，时间就是那样悠长，无穷无尽地待住不动，从早晨到中午，就好像已经过了一百年，必须慢慢叙述。

男孩儿的父亲已经去世，妈妈一心想着让这唯一的儿子出人头地，便要求自己的弟弟伊万·伊万内奇·库兹米乔夫趁外出跑生意的机会带男孩儿去求学。他们就在七月的一天清晨出发了，一同出行的还有一位神父。

七月的草原是一幅美妙的风景画，如果没有这个小男孩儿，作者就没有机会向我们展示这幅画了。儿童的世界是那样纯净，只有从孩子的视角，才可以看见淡紫色的远方那些连绵不断的冈峦、风车转动、光影变幻，听见近处小溪单调地淙淙流淌，昆虫齐鸣出单调的乐曲。契诃夫不能容忍没有人来为草原歌唱，他化身自己笔下的男孩儿叶戈鲁什卡，见微而知著，从一草一木看到宇宙万象。

在草原上走了一天之后，他们追上了给他们运送羊毛的货车队。舅舅想要快点完事儿，不忍心男孩儿跟着东颠西跑，便把他托付给货车队的伙计们。小男孩儿离开舅舅和神父，爬上了最后一辆货车，躺在高高的羊毛包上，在离天空更近的地方，幻想发疯的野马拉着六辆高高的战车并排飞驰。而事实却是，六个被生活折磨的穷人在慢吞吞地赶车前行。

伙计们虽生性纯朴，但信口开河，他们在河里游泳摸鱼虾，生吃狗鱼，他们的饭是最简单的鱼虾小米粥。他们的行为在小男孩儿的眼里新奇而隔阂。就像一个娇生惯养的孩子被扔进了粗人堆里，别人并不在意他，他只能尽量掩饰自己的无所适从。离开了妈妈，就要开始成长的旅程，对于内向的小孩儿来说，是多么令人惶恐啊。

尤其是在和谐的一天过后，伙计们因为心情苦闷而起了纷争，小男孩儿不明白伙计们相处的方式，无法容忍一人欺负另一人，他的正义感受到了伤害，他必须仗义执言。然而发过脾气后，他困惑：我是谁？我在哪里？我要到哪里去？我为什么要夹在一群庄稼汉中间呢，亲人们该不会忘了我吧？被遗弃的恐惧让他周身发凉，他只好爬到大车的羊毛包上，一个人偷偷地小声叫着"妈妈！妈妈！"才觉得好过一点……

我想起自己小时候的经历，暑假的时候，父母没有时间管我，便会送我去农村亲戚家里住一段时间，那个年代绝不会担心小孩儿丢掉。每当离了父母，我常常不知所措却又装作独立坚强，亲人们往往过于热情，催促我吃超过我饭量的食物，我无助地拼命下咽，那是成长的孤独。

但我也会跟着哥哥姐姐们去农田，那个广阔的天地真心让人欢喜，我知道了棉花需要打掉多余的枝杈，玉米秆会有像甘蔗一样的甜芯，红薯的叶柄可以掰成滴滴答答的长链做耳环。我走到村外的林地附近，夕阳下沉默着一个个鼓起的坟包，想象祖先们长眠在地下，我明白了自然是我们永远的归宿。

但我的老家没有草原。我第一次见到草原的时候，是一出海拉尔，无边无际的呼伦贝尔大草原就肆无忌惮地闯入我的眼帘，那种强烈的视觉冲击震撼了我，我想，如果眼睛里每天要容得下这样广阔的天地，估计心胸也会容得下吧。

叶戈鲁什卡的旅途还没有结束，暴雨来了，空旷的草原无处可以藏身，只能披着篷布躲在车上，雷电在他的头顶滚着爆炸开来，似乎下一个就要劈死自己；大雨滂沱，无论他的篷布怎么遮盖都还是湿了全身；三个高大的巨人，手里拿着长矛，跟在车后面，吓得他心惊胆战，其实那就是一些扛着草叉的农民。他病了，发烧了，但幸好也终于到达终点，见到了舅舅和神父，他想说话，但什么也说不出来，只好号啕大哭。

他很快就康复了，老天让他有足够的体力去承担分离的伤感。舅舅把他交给了寄宿家庭，他们要离开了，叶戈鲁什卡的眼眶里噙满泪水，他没看见舅舅和神父怎样走出去，他跑到窗口时他们已经不在了，叶戈鲁什卡一下子跳起来，飞跑出街门，看到他们刚刚转过弯去。以前他所熟悉的一切东西随着这两个人像烟似的永远消失了，童年消失了。

可爱的小人物们

有的作品写得非常用力，比如极力引经据典以显格调高雅，或者抖机灵以通俗引人，说到底，这些作者心里有"刻意"之心，他们作品也会很好，可是另有一种好的作品，举重若轻，浑然天成，不经意间就描绘出一幅世间百态。这篇《草原》就是这样，自然又写实，松弛又流畅，小人物的性格和生活就活灵活现地展现出来。

文中没有什么人与人的冲突和矛盾，只有人与自然的矛盾。生活在社会底层的人们，生活已经让他们筋疲力尽了，可是他们仍然各自怀着最朴素的善良，似乎他们安然的生活态度才配得上广阔的草原。相比之下契诃夫的另一篇小说《农民》就不同了，压抑阴暗，穷人的生活太悲惨了。

其实，在历史上很多的时间，可能都没有什么激烈的波澜，没有那么悲惨也绝不光鲜，生活无非是想办法挣钱然后喝茶聊天。写这样寻常的故事，似乎更见作家的功力。

舅舅是个精明的商人，关心的就是市场和价格，表情永远是冷淡又操心、可别耽误了正事的样子。靠着做生意日子过得不错，所以对于叶戈鲁什卡去上学态度很不积极，偏偏外甥又一副哭唧唧的样子，让他觉得心烦，"要是人人都去求学，想做上流人，那就没有人做生意，种庄稼了。大家就都要饿死了。"可是他说归说，还是义无反顾地掏出钱包来，默默为外甥不菲的求学开支埋单。

神父应声而答："不过要是人人都做生意，种庄稼，那就没有人懂得学问了。"两人都说了一句叫人信服的、有分量的话，各自暗暗佩服对方。

神父已经七十多岁了，本该坐在家里祷告、安享晚年，却要"坐着车子东跑西颠穿过草原，像坐着战车的法老似的瞎忙"，不过是因为家里有"啃老"的儿女，他不放心女婿出来跑生意，就亲自出来了，一方面确实是操心，另一方面也为了把赚到的钱往儿女面前若无其事地那么一放，说一句"看着，钱就该这么赚"时的成就感。

神父心善而唠叨，脾气随和，热爱与人周旋，他用自己过时的学术经验，一路教导叶戈鲁什卡，也是为了回忆自己年轻时稍纵即逝的高光时刻。男孩儿生病之后，又是神父为他擦身降温，舅舅没有子女也不会照顾孩子，一路上神父代替舅舅承担了这些工作。

那些车夫，最底层的劳动者，他们一同做工，一起找乐子：游泳、捕鱼、围着篝火讲过去的故事。尽管年龄和性格不同，他们却像历史上任何一个年代的人一样，怀有一个信念：过去的情况都很好，现在都不妙，仿佛他们都是受尽命运的捉弄和凌辱的人，但其实他们就是最普通的渴望幸福的人。他们在一起，很近却又孤独，快乐又莫名烦躁，暴躁的伙计无缘无故地发火，事后却烦恼地说，"我心里好闷哟！"这就是世俗的、乏味的生活。

但俗世中总有一类人在愤世嫉俗。犹太店主的弟弟索罗蒙是平淡生活中的亮点。他把父亲留给他的 6000 卢布遗产都丢进了火炉，只因为他看到了人们生活的本质就是追逐金钱，"他的全部生活就是为了赚钱和谋利，我呢，却把钱扔进炉子里去烧掉！我不要钱，不要土地，不要羊，也不要人家怕我，在我路过的时候对我脱帽子。所以我更像一个人！"

普通人不会理解他，连神父都认为他是个蠢材，只有心怀哲思的读者才能懂他：钱财总是使人失去本真，别人认识的你，到底是你的钱，还是你的人？设想一下这样一个简单的场景：当你在微信群中发一个大额红包，群友们对你的赞美接踵而来，相比之下发一个小小红包的人，收到的态度是否有所不同？"聪明人索罗蒙"只是想要做一个脱去了金钱外衣的、更像一个人的自己而已，一般人都忘记了这个最简单不过的原因。

所以，契诃夫的文字终究还是高于了生活。

小说的结尾，叶戈鲁什卡"周身发软，往小凳上一坐，用悲伤的泪珠迎接这种对他来说现在还刚刚开始的、不熟习的新生活……"最后一句话是，"这生活会是什么样子呢？"作为读者的我，知道生活会是什么样子，这个像契诃夫一样细心的、敏感的、爱思考的男孩儿，或许像作者本人一样功成名就，或许一生都是个普通人，但一定有着安分努力的求学生涯和圆满的未来。

因为整个草原的基调都是温存的，伤感、别离的背后是契诃夫的乐观主义。

03

寻找民族的理性和血性

——老舍《四世同堂》

> 一个具有爱和平的美德的民族，敢放胆的
> 去打断手足上的锁镣，它就必能刚毅起来，而
> 和平与刚毅揉到一起才是最好的品德。
>
> ——老舍《四世同堂》

在中国现代作家中，我和我女儿都特别喜欢老舍。我喜欢他朴实中的幽默，思想中的正气，我女儿喜欢课文中的《猫》和《北京的春节》，尤其后者，读得她口水直流。

的确，老舍写北京是信手拈来，作为在北京胡同长大的贫苦孩子，无论他身处何方，想必胡同里的点滴往事时不时就会闯入梦境，侵入笔端。不光是在《北京的春节》里面，在长篇巨著《四世同堂》中，也有大段落描写北京小吃和民俗的。

　　《四世同堂》的第一部《惶惑》第十四章中，老舍详详细细地描写了一段在太平年月中秋节的景象：各种水果香混合着果贩们清脆的"果赞"吆喝，良乡的糖炒栗子哗啦啦地翻动着，餐馆里葱爆羊肉和高粱红的河蟹诱人，兔儿爷和菊展都给儿童美的启蒙，酒和月饼是节日的主角，总之，"北平之秋就是人间的天堂，也许比天堂更繁荣一点呢！"

　　不过，这一切，都有一个大前提——"太平年月"。茨威格也曾用"万世太平的黄金年代"来描述战争前的安宁，我们中国的老百姓和作家都更接地气，节日和食物的美好就足以让人忘了恐惧和饥荒。

　　然而，这一切随着日本侵略战争的开始而成了记忆。

　　在书的第三部《饥荒》中，人们已经没有粮食可吃，只能领一种杂粮和垃圾混合的"共和面"，这令人作呕的东西和战前的中秋节美食是多么强烈的对比啊！小女孩儿妞妞死活吃不下这种东西，最终活活饿死。

　　重返了美丽的新生活，如今又能从老舍的文字里读到和平盛世的美食。

　　《四世同堂》是老舍的百万字巨著，分为《惶惑》《偷生》《饥荒》三部，共100章，分别描写了在抗战的三个阶段，住在护国寺附近小羊圈胡同的人们的悲惨遭遇和精神状态。

祁老人已经快 80 岁了，家里四世同堂，什么风风雨雨没有见过？如今他只想过一个圆满的生日。然而日本人来了，以祁老人的人生阅历，最多三个月就能渡过这次劫难。但没想到事态越来越恶劣，人们惶惑不安，眼看着胡同的街坊们一个个被残忍杀害，还是不得不忍辱偷生，胡同里的多数人都只是想安安稳稳，谁也不招惹地过自己的日子，但是不行，日本人要拿走一切，然后随心所欲地取走人们的生命，谁让你们在沦陷区呢，说是亡国奴也未尝不可。

人们终究没有完全沉沦，以热血从军的祁瑞全和坚决抗争的钱诗人为代表的觉醒人是我们的希望，依靠他们的精神，我们的民族走出黑暗。

如果说整个中国是一部宏观社会学，那么小羊圈的生活就是一部微观社会学。

老舍出身贫寒，三岁时父亲死在八国联军手中，全家靠母亲帮佣的收入支撑度日，阅尽了艰辛，所以他是人民的作家，写的都是平民生活。在文学流派风行的 20 世纪 30 年代，老舍不属于任何一派，他只是凭借自己对北京生活的熟悉和热爱，描绘出底层市井人民纯朴得近乎无知的生活状态。虽然他的作品深受读者喜爱，但并不受到主流文学的欢迎。但文学的生命力正是萌发于胼手胝足的大众之中，历史最终给他正名：大众的才是有生命的。

老舍又是高级知识分子，幼年受族人的资助入学，毕业后在教育界担任职务，后来远赴英伦，担任伦敦大学讲师。这段西方职业的经历，对老舍的思想产生了影响，经历了不同的文化，他既不一味崇洋，也不妄自尊大。

老舍为国民的麻木所不安，但他不是鲁迅，他没有金刚怒目，而是菩萨低眉，他的文字中更多的是同情。

在《四世同堂》中，祁瑞宣就是老舍自己的影子，他通过主人公的视角痛苦地反省中国人的弱点：

"我们的传统的升官发财的观念，封建的思想——就是一方面想做高官，另一方面又甘心作奴隶——家庭制度，教育方法和苟且偷安的习惯，都是民族的遗传病。这些病，在国家太平的时候，会使历史无声无色的，平凡的，像一头老牛似的往前慢慢地蹭。及至国家遇到危难，这些病就像三期梅毒似的，一下子溃烂到底。"

他恨有的人性格中根深蒂固的懦弱，甚至看见家中妈妈打孩子的时候老人袒护，他都会想："这就是亡国奴的家庭教育，只有泪，哭喊，不合理的袒护，而没有一点点硬气儿！"

老舍虽然愤慨、批判传统，但他终归是个乐观、心向光明的人。

作为懂得西式文明的人，老舍与祁瑞宣一样，"不是个褊狭的国家主义者，晓得西洋文明与文化中什么地方值得钦佩"，他恨日本侵略者，可是也在书中描写了一个加拿大长大的日本老太婆，住在小羊圈一号，在战争问题上支持中国，认为日本失道必败。日本战败后，小羊圈的人们试图拿她出气，祁瑞宣制止了人们。老舍理性地区分了人性当中的善恶，摒弃了狭隘的民族主义。

那个时代已经远离我们而去，如今还要读《四世同堂》吗？是否除了消遣就没有别的意义了呢？

在书中有几个人沦为汉奸，遭到人们的唾骂和命运的抛弃。其中有贪慕舒适的新派小资青年祁瑞丰，有见风使舵毫无原则的冠晓荷，有冷酷自私的大赤包，他们或是早已泯灭了良知，或是逐步滑向深渊，让人叹息其人格之低劣。

然而并不是所有的汉奸都是这样明显的恶人，有一些学者认为科学无国界，为谁工作都是为科学工作。牛教授就是其中一个，他的学识被海内外推崇，祁瑞宣相信牛教授的学问和人品，认为这样一位简单做学问的学者，是不会做汉奸的。但是牛教授却接受了日本人任命的教育局局长的职位，"（牛教授）用他的冷静的，客观的眼光来看，他以为日本人之所以攻打中国，必定因为中国人有该挨打的因由；而他自己却不会挨打，因为他不是平常的中国人；他是世界知名的学者，日本人也知道，所以日本人也必不会来欺侮他。"

凡事都有度，斯宾诺莎说："没有理性的激情是盲目的，没有激情的理性是死寂的"。

当面对强大的对手，应当是理性与血性的结合，我们认可对方的文明，也尊重你们的选择，愿意学习你们灿烂的科学，这是我们理性的态度。可是如果要前来挑衅，对不起，我们中国人是有血性的。

饱学之士，往往因手中掌握了知识而变得理性，可是知识并不会让人更血性。明朝末年，很多文官主降，他们陷入各种维度的理性分析与思考，唯独忘记了血性与本能可以激发出意想不到的潜能。

然而老舍不同，他是理性的知识分子，可是他经历了不幸与战火，他也有血性。在抗战中他不愿意做亡国奴，只身南下退到武汉和重庆，从事抗战工作。他被推选为"中华全国文艺界抗敌协会"（文协）的总务组组长，直到抗战胜利，一直担任领导工作。文协用戏剧和文学作品支持抗战，还到西北八省慰问抗日将士，也到过延安。抗战十四年也是老舍在文化战线斗争的十四年。

今天我们再读老舍，在充满美食和生活情趣的文字之间，依然会为他的家国情怀而感慨。

老舍和他的往事都已经随风，但他的踪迹还留在灯市口西街丰富胡同 19 号的老舍纪念馆——丹柿小院中，我曾经在那里详细观看老舍的人生影像和记录，我女儿在那里寻找猫的踪迹，愿大家也都能从他的文字中，读到自由不屈的灵魂，也找到属于各自的人生感悟。

04

理解中国，先理解乡土
——费孝通《乡土中国》

我们的社会结构本身和西洋的格局是不相同的，我们的格局不是一捆一捆扎清楚的柴，而是好像把一块石头丢在水面上所发生的一圈圈推出去的波纹。每个人都是他社会影响所推出去的圈子的中心。被圈子的波纹所推及的就发生联系。

——费孝通《乡土中国》

今年夏天，就在我读了两遍久负盛名的《乡土中国》，并为之深深吸引、准备写篇文章介绍这本书的时候，看到这样一则消息：教育部发布了普通高中统编教材，从9月开始，北京、天津、辽宁、上海、山东、海南六省（市）开始使用统编新教材。

在发布出来的新教材中，语文上册的第五单元与众不同，没有课文，内容是：

"整本书阅读《乡土中国》"

这是之前从未有过的安排，整本阅读成为课堂的一个单元，可以说是史无前例了，可见这本书的重量级程度，令人欣慰的是费孝通先生的名字以后也要更为人熟知了，以作品的名义，而不是以其地位或者什么其他。

在我小时候，经常从《新闻联播》里听到字正腔圆的播报："参加会见的还有全国人大常委会副委员长费孝通……"——那时候，他是一个胖胖的戴眼镜的老爷爷。

读了《乡土中国》之后，发现他才是一位真正的大家，中国社会学和人类学的奠基人，才子指数并不低于钱锺书，此时我心里的天平自然地偏向了费老先生，心中嘀咕道：杨老先生这次您也想多了吧！

中国人几乎无人不知《围城》，但有几个人知道《乡土中国》呢？现在这种状况终于要改变了。

费孝通，一个从绅士阶层走出来的人，却时刻关注中国的乡村社会和农民。本书写成于1948年，却对当今的社会研究仍有深刻的意义。因为我们中国人的乡土性，千百年来已经固定形成，虽然经过最近城市化的浪潮改变有很多，但不变的亦有很多。

中国的乡村生活，是什么样子呢？每个人的印象和感受都不同。乡村景致或优美或脏乱，各地民风或淳朴或彪悍，似乎不可一概而论。但的确有一些共性深深地根植于民族的性格当中，在这本书中就可以找到一些描述和解答。

整书不算长，只有 14 篇论文，是年轻时的费孝通在云南大学的讲台上，讲授"乡村社会学"课程所用的讲义。他认为在青年人的面前，教师的任务不是传授现成的知识，而是引导学生向未知的领域进军。

与此同时，他的"同情人"钱锺书坐在书斋里写书"暗搓搓"地调侃道："教授成为名教授，也有两个阶段：第一是讲义当著作，第二著作当讲义。……讲义在课堂上试用，没出乱子，就作为著作出版，出版以后，当然是指定教本。"不知道费孝通是否无辜被言中了呢？其实他的讲义是用血的代价换来的——在云南大瑶山的实地考察中遇险，新婚的爱妻长眠于山中。

这 14 篇论文涵盖了乡土中国的社会结构，包括文化传递、家族制度、权力结构、社会变迁等方面，书中提出了著名的"差序格局"的理论。所有的这些方面，和差序格局结合，也都可以得到合理的解释。

土地是生存的希望，这是人类的共识，就像在小说《飘》中，主人公郝思嘉心中的一个信念："土地是世界上唯一值得你为它奉献，值得为它奋斗、牺牲的事物，因为它是唯一永存的东西。"相比他们，中国的乡土传统更加悠远，中国人世世代代生长在土地上，千百年不曾离开过这片泥土，生于斯死于斯，即便有时迫不得已迁徙到草原地带，也要试着在草原上耕种。

于是，相比海洋民族的"洋气"，我们是"土气"的。但是若是因此而不重视甚至鄙视这个"土"，那就要付出相当惨重的代价了。

比如说，1949年之前的国内战争，国民党军将领大多受过高等教育，很多都留过洋，有很高的文化水平。而我军呢，一言以蔽之：土里土气。但就是这土里土气的军队把国民党军打得落花流水，除了军事和政治上的因素之外，还有一个重要的原因：我军是有"根"的，这个根就是土地和土地上的人民。我党在进行一场"人民的战争"，陈毅元帅曾说："淮海战役的胜利，是人民群众用小车推出来的。"在淮海战役中，解放军的后方到处都是老百姓，有推车的，有疗伤的，有做饭的，正应了"得民心者得后勤，得后勤者得天下"一说，而出身乡土的共产党得了天下后，一改过去传统的皇权不下乡的治理方式，让古老中国爆发出强大的组织力。

反观国民党的统治，政治孤立，失去民心，贪官污吏，腐败统治……始终与底层农村是脱节的，不管上面想要走什么路线，最下层的乡土中国却始终在由族长管理着，以本书中提到的"长老统治"我行我素地运作着。

及至2015年，国共两党领导人在新加坡重新握手，（见人民网）在发言中，一方说，"非知之艰，行之惟艰"，另一方说，

"我们是打断骨头连着筋的同胞兄弟"，各自的"精英气"和"乡土气"一览无余。

今天也许有人依然轻视乡下人，认为他们没文化，"愚"。他们是没有城市人所需要的"文化"，那是因为他们在熟人社会里长大，不需要通过文字来沟通，一个眼神、一个声调就可以传情达意。可是他们并不"愚"。农村人进城会显得呆头呆脑，城市人到了农村又何尝不是不辨菽麦，在农村人眼里也是书呆子。就像童年的鲁迅也会崇拜少年闰土，在人之初性本善的年龄，农村人和城市人看彼此都是既带着优越感又带着自卑感的。

可是那个沉寂的时代渐行渐远，如今大量的迁徙和征地开始出现，加上农业产业化，许多农民失去了土地和村庄，也只好投身于商业社会的浪潮，打工、做小生意，没文化变得越来越无法好好生存。他们的孩子也要加入高考竞争的队伍，也在努力跻身"有文化"的序列，农二代和知识分子世家在教育的比拼中显然不在同一个起跑线上，但是他们自己不懂得抱怨，也少有人为他们发声。

时代变了，很多乡土基层赖以存在的条件变了，但也有些没有变化，至少"差序格局"这个重要的概念还相当程度地存在着。

在西方社会，每个人都是一捆柴当中的一根，若干人组成团体，团体外和团体内，界限分明，而在中国，每个人都是一块石头丢到水面上，产生一圈圈的波纹，越推越远，越推越薄，与他人的波纹发生干涉，就产生了关系网。一轮轮波纹的差序，是为"人伦"。

如果说西方人争取权利，中国人则更讲人情；西方人推崇个人主义，那么中国人则奉行自我主义。"己"的修养是重要的，孔子讲究"克己复礼"，他批评管仲不知礼，孟子也批评墨子的"兼爱"是"无父无君，是禽兽也"。后世统治阶层都采用了孔孟的思想来教化民众，在此不由畅想一下，如果思想宗师换成管子或墨子，今天的中国会不会是另一番景象？当然，历史是不容假设的。

在这样的差序格局下，很多都是可变的，道德和法律，常常要看所施的对象和"自己"的关系而加以某种程度的伸缩，看起来中国传统社会是要实行"人治"了。

然而在这里，作者又出其不意地引出了比"人治"更加合适的概念——相对于西方的"法治"，中国的乡土社会是"礼治"的社会。"礼"是乡土社会公认的行为规范。"法"是靠国家的权力来推行，而维持"礼"这种规范的是传统。一个人受了"礼"的教化，便可以在乡土社会如鱼得水，从心所欲却不逾矩。

传统的力量是如此强大，在当前这个高速发展的社会中，依然常常发挥作用。

我的父亲，就来自农村，他年纪很轻就离开家乡进入部队，接受了解放军这所大学校的教育，后来提干、转业进入国家机关，一直从事文字工作，舞文弄墨，似乎已经远离了乡土，变成了一个城市的文化人。

现在他退休了，他身上的乡土本色立刻纤毫毕现地显露出来。

每次老家来了亲戚，他必定亲自在家里下厨，喝酒时的座次和规矩丝毫不能乱，女人和孩子必须有眼力见儿，及时跑前跑后，添茶倒水服务——我们是一个懂礼数的、"礼治"的家族。

当他开车出门，遇到车子出了问题，他绝不会给 4S 店打电话要求服务，虽然人家更专业，他一定要给自己最信任的司机、战友或晚辈打电话，然后坐等朋友来帮他——他的社会活动是建立在熟人社会关系当中的。

的确，在传统中家族的力量往往超越了生育，它还管理着共同的事业、维持着社会秩序以及承担民众的教化任务，"（1948年的）中国虽没有政治民主，却有社会民主"。家族中的长老统治，就是一种教化式的民主。

费孝通是江苏人，生长在富庶的苏南地区，这种长老统治在千里之外的黄土高原，在陈忠实的小说《白鹿原》当中一样可以清晰地看到。

《白鹿原》是一部农耕文明的挽歌。在书中，作为族长的白嘉轩，守护着祖先留下的土地和规矩，他恪守着"耕读传家"的信条，勤劳、正直地操持整个家族，他救助牢里的乡党，即便与自己有过恩怨；他按照《乡约》来规范自己和族人的行为，处罚作妖犯错的田小娥，即便是自己的儿子犯了错误，他也毫不犹豫地逐出家门。

白嘉轩手中的权力，是教化权力，他统治的工具，是《乡约》，是传统，他统治得好吗？在传统稳固缓慢的社会环境中，是有效的，然而当改天换地到来的时候，他也是无能为力。

现在，改天换地毕竟是到来了，农村在快速地城镇化，农村常住人口已经不足一半，人们的家族意识变淡，乡土情结变薄，旧有结构常常不能应付新的环境，人们悄然接受了新的理念，比如，更理直气壮地追求财富，追求平等的观念，更愿意把纷争付诸法庭，等等。

乡土社会靠的是经验，现代社会则要靠理性和制度，从乡土中国到城乡中国，在经济模式、文化教育、道德法制等各个方面，有太多需要润滑的环节，几十年来，从西北到华南，管理者没有固守陈旧的模式，也不会坐等出现的问题自动解决，而是一直在努力追上社会变迁的速率。

中华的乡土文明就是这样曲曲折折地走过上千年的时间，它过时了吗？也许有某些部分不合时宜，需要进行扬弃和更新，然而它存续了千年，是世界历史上唯一不曾断裂的文明，一定有它积淀下来的精华，比如：白嘉轩笔挺的腰杆，象征民族刚健不屈的精神；乡民的宽厚与达观，是我们民族性格中的柔韧。世界上没有哪个民族比中华民族更加吃苦耐劳了。

1990 年，也是费孝通先生，在研究了各民族性格之后，总结出了"各美其美，美人之美，美美与共，天下大同"的原则。

我有一个梦想，有一天我也能走出自己的小天地，走遍全球的乡村和城市，感受各种古老的文明，体会美美与共的和谐。

05

左图右史，学古探微
——张荫麟《中国史纲》

> 当郑子产昌言"天象远，人事近，它们是
> 不相及"的时候，理智的锋刃，已冲破传统迷
> 信的藩篱。
>
> ——张荫麟《中国史纲》

有一段时间，我经常去位于中关村的国家图书馆看书。在肃穆的大厅里，走在一排排书架之间，看到众多书籍巍巍然立于身边，仿佛是大千世界的微缩景观，又犹如穿行于历史的长廊，让我想到了清华大学校歌里的一句歌词："左图右史，邺架巍巍，致知穷理，学古探微。"

在群书的环绕中，摆脱尘世的喧嚣，于细微处探寻古往今来的痕迹，参透宇宙的奥秘，是多少人的梦想！书架上的历史

类书籍又格外受读者欢迎，当其他读物还崭新的时候，它们已经被翻阅破损，人们对过往的故事充满了好奇。

这学古探微的一众历史类好书中，我很喜欢的一本是天才史学家张荫麟的《中国史纲》，它以提纲挈领又文采斐然的风格，在摆满各史学大家皇皇巨著的书架上硬是挤占了重要一席。

张荫麟与钱锺书、吴晗和夏鼐并称清华"文学院四大才子"。1935年，受国民政府教育部委托，张荫麟开始主编高中历史教科书。他准备组织专家共同编写，汉以前的部分自己亲自执笔，后面的分别由吴晗等人编写，最后由他综合融会。但这一计划最后并未完全实现，至1940年2月只完成他自己执笔的东汉以前部分，也正是后来他的代表作《中国史纲》（上古篇）。

说好的通史变成了断代史，只因张荫麟三十七岁英年早逝，真是令人扼腕叹息！好在历史读物的戛然而止并不会像红楼未完带来的缺憾那么大，再加上东汉之前正是华夏冉冉上升的时期，我们仍然可以愉悦地阅读。

摊开一本好书，先考虑一个问题，当我们读历史，我们在读什么？

读新奇有趣的故事

人类总是对自己的过往有着强烈的好奇心，从无数"穿越"题材影视剧的流行可见一斑，我们总想亲眼窥探一下当年的真相，幻想自己有改变历史走向的能耐，这实在是因为我们的历史太精彩纷呈、引人入胜了，太多史料都符合"新异性"这个标准。

我想起自己与历史书的相遇，那是几十年前的学前时期，那时候没有电子产品，一套《东周列国故事》的连环画被我翻了一遍又一遍，这套小人书特别适合儿童看，因为在这"春秋战国乱悠悠"的时代，我们的民族也满怀童年的气质，带着庄重，又带着点儿稚气。

你看，郑庄公掘地见母是多么有板有眼，想见自己的母亲还不是自己说见就见吗？竟然要派人专门挖条地道；齐桓公姜小白夺位是多有戏剧性，简直可以称为影帝级演出了；你看重耳在外漂流十九年，周历八国，要不是狐偃、赵衰、介子推，根本不会有称霸一时的晋文公，然而这个老糊涂，竟然匪夷所思地在绵山放了一把火烧死了介子推！是为了送我们一个清明节吗？

小孩子对齐姜和大哥齐襄公的狗血桃色事件没有兴趣，那时候我只对鲍叔牙的心底无私，诚恳忠厚心存敬意，为管仲无功受禄占据相位而愤愤不平，我设想过假如纠继位，管仲会不会举荐鲍叔牙？——很大可能是不会。多年后，我才放下这些无谓的假设，也逐渐知道了管仲在中国历史上是多么神一般的存在，在他的重商主义经济政策下，齐国迅速崛起、和平称霸，齐国人民扬眉吐气，"仓廪实而知礼节，衣食足而知荣辱"。

到了中学时，开始正经摊开历史课本上课的时候，我却对历史极为厌恶，考题经常问我，哪一年牧野之战？哪一年秦始皇统一六国？——我为什么要关心他哪年统一六国呢？

在《中国史纲》里面，有这样的描述："荆轲死后六年（前221年），当秦王政在位的第二十六年而六国尽灭。于是秦王政以一道冠冕堂皇的诏令，收结五个半世纪的混战局面，同时宣告新帝国的成立。"

他也说了年份，可是只在括号里。我由此推断，在作者的心目中，荆轲之死的重要性，要胜过公元前221年这个数字——这才是他的思维方式吧。

不再只看新奇的故事，虽然它们在历史的天空如繁星点点，照耀了我的童年，但我从历史中读到的，越来越超过故事。

感受人间的苦乐

"国之大事，在祀与戎。"传统史家的故事里从来都是王侯将相，他们的笔触触及不到小民百姓的生活起居，面对百姓的苦乐，他们似乎集体性失明了。

如同现代人的苦乐，过去人群的苦乐同样重要，但是它们如尘埃一般没人关注。张荫麟认为，史事牵涉和影响于人群的苦乐愈大，则愈重要。比如说，在"秦始皇与秦帝国"这一章中，他用了四分之一的篇幅来描绘人民的悲惨生活。

春秋就这样远去，"春秋如是安流的平川，舟楫默运潜移，那么战国就是奔流的湍濑，顷刻之间，已过了峰岭千重。"战国时期，名将辈出，孙膑、穰苴、白起、王翦、廉颇、李牧都是天赐英才，让我们仰望。

强秦虎狼之师崛起，军神白起所向披靡。秦楚鄢郢之战，白起以水为兵，引来滚滚鄢河水灌入鄢城中，直接淹死了几十万楚国平民百姓！人们呼号挣扎，根本没有机会逃出生天，战争史的皇皇光芒中，谁听得见几十万冤魂的哭泣？十年之后，白起又指挥长平之战大获全胜，坑杀赵国战俘四十万。

如果这还可以用"这就是战争"来解释，那么秦始皇和儿子秦二世的所作所为可以称为残暴了。

"始皇'忧恤黔首'，但他的一切丰功伟绩，都是黔首的血泪造成的。蒙恬带去北征的有三十万人，屠睢带去南征的有五十万人，后来添派的援兵和戍卒，及前后担任运输和其他力役的工人，当在两军的总数以上。为这两方面的军事，始皇至少摧残了二百万家庭。赴北边的人，死的十有六七；赴南越的，因为不服水土，情形只有更惨，人民被征发出行不论去从军，或去输运，就好像被牵去杀头一般，有的半途不堪虐待，自缢在路边的树上。阿房宫和陵墓两处工程先后共用七十余万人。此外运送工粮和材料的夫役还不知数。始皇时代的赋税，要取去人民收入的三分之二。苦役重税之上，又加以严酷而且滥用的刑罚。"

秦始皇也有很多拥趸，这里并没有人抹杀他的功绩，只是百姓的悲惨和痛苦，是真实切肤的。

翻看整个历史，战争、混乱、饥荒和灾难一浪稍平一浪又起，平民被无休无止地践踏，到底有几个时期百姓能过上几天平安幸福的日子呢？我能略微想到的，也只有文景时期稍微安定一点点了。人们只能臆想出《桃花源记》这样的乌托邦来做自我安慰："自云先世避秦时乱，率妻子邑人来此绝境，不复出焉，遂与外人间隔。问今是何世，乃不知有汉，无论魏晋。"

世上终究没有桃花源，历史的苦痛只能让人掩卷长叹息。抗战时期的境况又是历史的再现，张荫麟毅然执笔写此书，表达对时局的关切，对民众的关怀。

汲取中华文化的精华

《中国史纲》虽然是为高中生而写的历史教材，但在我看来，似乎并不完全适合高中生。

作者所选择的史事和叙事方式，作为课本可能不够全面，各部分内容之间也不太均衡，但如果作为课外读物，却有一种让人不忍释卷的魔力。作者站在几千年川流不息的文化长河之上，面对文明古国绵延千古的文脉，才思横溢，深沉隽永，文字中致敬伟大的中华文化。

钱穆说："没有一个有文化的民族，会没有历史的；也没有一个有历史的民族，会没有文化。"文化价值的高低，正是张荫麟选取史料的重要着眼点。所以他会在春秋这一章中，用整整一节来讲郑子产，更是用了整整一章来讲孔子的故事，孔子思想的重要性不言而喻。

但在秦统一六国时，灭韩过后只用了短短一段话"韩亡后九年之间，嬴政以迅雷烈风的力量，一意东征，先后把其余的五国灭了。只有侠士荆轲，曾替燕国演过一出壮烈的悲剧"。接下来他便开始绘声绘色地描述荆轲刺秦的故事——荆轲代表的是中国人性格中侠义和战斗精神的一面。

先秦是文化开始勃勃兴起的轴心时代，挤满了不寻常的人物和事件。在列国间奔走着孔子，在山林间逍遥着老子，包括墨子、庄子在内的哲学家都崭露头角，真正的文学作品——《诗经·国风》开始传达赋比兴的诗意，伟大的诗人屈原创作出最为浪漫、最为炽热深沉的《离骚》。

多么伟大的民族，多么浩荡的文化！张先生在这一切面前怎能不更偏爱，怎能不更多地着墨渲染呢？

"世界上再没有五千字比《老子》含义更富，影响更大的了。它阐明物极必反、福兮祸所伏的原则；教人谦卑逊让，知足寡欲；教人创造而不占有，成功而不自居；教人将取先与，以退为进，以柔制刚，以弱胜强。"——这是老子。

"墨子首先拿理智的明灯向人世作彻底的探照，首先替人类的共同生活作合理的新规划。一切道德礼俗，一切社会制度，应当为的是什么？这个人人关心的切身问题，经过至少一两千年的漫漫长夜，到了墨子才把它鲜明地、斩钉截铁地、强聒不舍地提出，墨子死后不久，这问题又埋葬在两千多年的漫漫长夜中，到最近才再被掘起！"——这是墨子。

不光墨子，名家讲逻辑，法家重刑罚，理性是先秦诸子百家的共同特点，"整个战国时代的思辨力集中在人事界，只有惠施曾把玄想驰骋到自然界上"。

....

虽然我认为此书可能并不完全适合做中学历史教材，但我却有一个更为大胆的想法：中学生的课业压力如此之大，据我所知，初中生中考时要考的科目太多（九门），只得在文科两门（史地）和理科两门（生化）中各选成绩高的一门计入总成绩。但是我们常说，文史哲不分家，比史地二选一更为合理的是文史合一，让这样优秀的历史读物，并入文史课程当中，岂不更利于中学生汲取中华文化的精华？

探寻世间万象的联系

"佛禄德（Froude）把历史比于西方的缀字片，可以任随人意，拼成他所喜欢的字。"与此类似的更为通俗的说法是，"历史是任人打扮的小姑娘。"这话流传很广，但我太不爱听了。

是有道理，但是绝对不正确。别说历史大事，就是我们亲身经历的事件，很多也是看不清的，人们往往只看到了立体的历史在自己心灵平面上的投影。史官一个无意或有意的曲笔，就会造成千古奇案。例如太史公，就会使用春秋笔法，含糊了李陵兵败的责任。

可是，别忘了，历史不是一盘散沙，众史事不是分立无连的，它们总能互相印证。《史记》不说明李陵兵败的责任，《汉书》中却做了链条完整的记述。很多历史大家长年躬身如海的史料当中，就是在做这种印证与辨伪工作。

观察历史不是仅仅去看历史事件，就如同法国年鉴派史学家所倡导的那样，应当观察那些更持久地发挥作用的结构性因素。一个著名的比喻是：当我们观察一条河流的走势，最容易看到的是水面上的浪花和泡沫，它们看上去非常热闹，仿佛能看出河流的流速和流向。可是，真正对河流有了解的人知道，水底下河床和深水暗流才是支配整个河流流速和流向的要素。

《中国史纲》不可能像布罗代尔那样把描写重点放在环境上，但是作者暗暗地把深层次的原因穿针引线一般密布于优美的字里行间。例如，都说民族有性格，地域也是有性格的，中国南方和北方的差异大到像两个国家，南方开放，北方保守，到底是什么造就了南北差异这么大？——一定是地理原因，迥异的地理和气候孕育出两种不同的文化。

长江和黄河在巴颜喀拉山分别后，一南一北活泼地奔向远方。北方的黄河流过黄土覆盖的高原，北风干刺刺地吹过，人们在黄土地上改造自然、辛苦耕作，时不时要遭受游牧民族的侵扰，环境造就了他们的勤劳隐忍，和黄土一样保守的性格；而流向南方的长江，一路上与众多的湖泊河流相遇，两岸土壤肥美，水旱稀少，又无外患，人们的生活态度乐观开放，性格也如水一般柔软秀丽。

张荫麟用了一段极富才情的描绘让我折服：

"楚国王族的始祖不是胼手胝足的农神，而是飞扬缥缈的火神；楚人想象中的河神不是治水平土的工程师，而是含睇宜笑的美女。楚人神话里，没有人面虎爪、遍身白毛、手执斧钺的蓐收（上帝的刑神），而有披着荷衣、系着蕙带、张着孔雀盖和翡翠翎的司命（主持命运的神）。适宜于楚国的神祇不是牛羊犬豕的羶（膻）腥，而是蕙肴兰藉和桂酒椒浆的芳烈；不是苍髯皓首的祝史，而是彩衣姣服的巫女。再从文学上看，后来战国时楚人所作的《楚辞》也以委婉的音节，缠绵的情绪，缤纷的辞藻而别于朴素、质直、单调的《诗》三百篇。"

所以历史从来都不是孤立的，在读历史的时候，除去故事，我们还能从子产处读到治国的权变和良策，从管仲处读到经济那双"看不见的手"，从《孙子兵法》里读出上兵伐谋的军事智慧，从《诗经》和《楚辞》里享受真挚和美，从秦王那里读到用人之道……最奇妙的是，这一切都是同一个社会的不同侧面，它们又互相关联，互相印证，互相制约，编结成一张网络地图，等待我们去辨析每一个现象之后的脉络。

历史也从来不是静止的，历史的时间连接着过去、现在和未来，历史上的"过去"并未真正走远；历史的"未来"却已然到来。在科幻电影《星际穿越》中，也有一个书架，那是五维空间的展现场景。就像"天堂是图书馆的样子"，在天才导演的意象中，高维空间也只能是书架的样子。推开一本书，背后是充满图腾神话的新石器时代，推开另一本书，变成了饕餮狞厉的青铜时代，好不容易在穿过某一本书看到了自己昔日的面庞，稍一恍惚就走到了未来的星际时代……历史就是这样的时空，纵横都绵延不绝，未来也已经写进历史的进程。读历史并非只为了解过去，而是以古窥今，把握人类和民族的命运。

"若夫明国族绳绳之使命，庶无馁于任重而道艰；表先民烈烈之雄风，期有效于起衰而振懦；斯今日之所急，舍读史而末由。"这是文前的献辞，用文言文写就，庄重大气，气势磅礴，在20世纪风雨飘摇的时代，这篇献辞是注入国人精神的一针强心剂：认清中华民族几千年延续的使命，不因任重道艰而气馁；叙说先民的烈烈雄风，让国家再度雄起。最紧要的，除了读史还有别的吗？

阿长和《故事新编》

——鲁迅《故事新编》

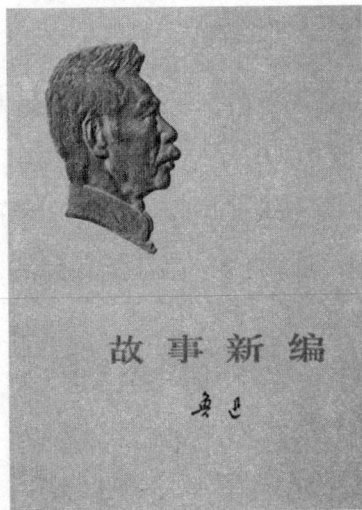

　　大风忽地起来，火柱旋转着发吼，青的和杂色的石块都一色通红了，饴糖似的流布在裂缝中间，像一条不灭的闪电。

——鲁迅《故事新编》

100 多年以前的一个春天，水乡绍兴周家的女工阿长刚刚休完了几天年假，伊穿了新的蓝布衫兴冲冲地回到雇主家，臂膊里挎着一个不大的包袱。一进家门，伊就亮开大嗓门喊道："哥儿，有画儿的'三哼经'，我给你买来了！"——迅哥儿已经丧魂落魄地想这书想了好多天了。

果然，迅哥儿拿到这套《山海经》画书后，欣喜若狂，天天爱不释手地翻阅、摩挲，不久就磨烂了书边，画儿里的故事在他心中滚瓜烂熟，谁长了什么样的鼻子眼睛绝对不会弄错，所有的细节也在小小少年的脑中一一补齐了。

30 多年后，迅哥儿的小说集《故事新编》问世了，女娲、共工、大禹纷纷以全新的面貌出现在这本书里。

可以说，女工阿长对中国现代文学的繁荣做出了巨大的贡献。

在"油滑"中戏说历史

鲁迅可以说是中小学生的"梦魇"了。

在我上学那会儿，不知道从哪一年级开始，每一册语文课本上都有鲁迅的文章，有时候甚至一册有两篇——可见仅中学 6 年就至少 13 篇。严肃冷峻、睚眦必报是鲁迅的人设，晦涩艰深难懂是他文字的标签。最可怕的是考试时的阅读理解，要求大家回答出鲁迅的每一句话背后的深意——我们明明生在新社会长在红旗下，却要对完全不了解的属于上一个时代的檄文做深度解读，幼小的心灵受到了一万点伤害。

但是说来奇怪，我们的课文没有一篇出自《故事新编》，不知道其中的原因是这些故事会让严肃的鲁迅"人设"崩塌呢，还是它们会颠覆学生对世界的认知？书中的八篇故事，分别是《补天》《奔月》《理水》《采薇》《铸剑》《出关》《非攻》《起死》，要么基于上古神话，要么是先秦诸子的逸事传说，在鲁迅笔下却一改往常严肃的面目，增添了一把荒诞的现代主义趣味。

试想一下，学过《故事新编》以后，再读到李商隐的诗"云母屏风烛影深，长河渐落晓星沉。嫦娥应悔偷灵药，碧海青天夜夜心。"会不会脱口而出，"嫦娥不悔偷灵药，夜夜乌鸦炸酱面"？——毕竟嫦娥是因为食物难以下咽才飞升的，"我真不知道是走了什么运，竟嫁到这里来，整年的就吃乌鸦的炸酱面！"

或者当我们走进深圳的海上世界，两边是连绵的海水，海的对面是香港，路的两侧是修长高大的棕榈树，正深切感受着改革开放40年来小渔村的剧变，猛然看见了远处的女娲补天像，想起《补天》里面站在女娲（并不存在的）两腿之间，顶着长方板、说着"裸裎淫佚……惟禁"的小东西，于是再也无法直视眼前的女娲像——这是不是很滑稽？

用鲁迅自己的话来说，这些故事"陷入了油滑"，而"油滑是创作的大敌"，当然我们根据自己多年的学习和考试经验知道，不能全信他这种真真假假的表面意思，但到底什么是油滑？

我理解就是"调侃""讽刺""刻意庸俗化"之类的意思，本来远古神话当中的女娲为人类补天而累死，大禹治水三过家门而不入，都是严肃悲壮的故事，到了鲁迅先生笔下就成了一锅亦庄亦谐的杂拌儿了，其中既有为民劳苦奔走但却略显狼狈的人，也不忘记提到一旁指指点点庸俗不堪的小人，时不时地再夹带点"私货"讥讽一下当下的名流。这样的"油滑"，其实并不惹人反感，反倒会让人会心一笑。

历史留下来的是传奇，鲁迅偏要用同样的素材写人间。

从始母到今天，无论是上古、先秦，还是民国，变化的是环境，不变的是人性，从来就没有完美无缺的人，无论是女娲还是鲁迅先生自己，都不是至真至善的圣人，大禹在一帮酒囊饭袋的专家面前是实干家，但进入官场后也是要讲究排场的，这"整体的真实性"实在是比这要更丰富、更令人信服。

语文教材不选择《故事新编》，或许反倒可以成就年轻人的自由阅读，爱怎么理解就怎么理解，不需要明白这儿有什么深意那儿在讽刺谁影射谁，反正现实中总有这类人（何况仅凭鲁迅的一面之词，也未必能得出公正的结论）。单单这些文字的趣味性，就足以让人忍俊不禁。

比如说，后羿射下了九个太阳，却射不动一个月亮，他闷闷地想，"她竟忍心撇了我独自飞升？莫非看得我老起来了？但她上月还说：并不算老，若以老人自居，是思想的堕落。"——鲁迅实际上是个多么有趣的人啊！他的文字和生活一样，都是时不时讲个冷笑话，毒舌并幽默着。

从亮剑到说真话

"十年磨一剑，霜刃未曾试。今日把示君，谁有不平事？"

中国人有很深的"剑情结"，自古以来流传着许多名剑的故事。众神采首山之铜为黄帝所铸的轩辕剑，一面刻着日月星辰，一面刻着山川草木，内藏无穷的神力，可斩妖除魔。

剑的形象既阳刚，又冷峻；既高贵，又文雅，文人追求剑胆琴心，游侠仗剑走天涯。剑，绝不是其他任何武器可以替代的，谁也无法想象侠士们带着三叉戟行路是什么画风。

第五篇《铸剑》是八篇当中分量很重的一篇，这个干将莫邪之子眉间尺为父报仇的事情，并不像前几篇那样有大尺度的改编，也没有太多的调侃，可见作者对于这个故事的钟爱。他忘记了"油滑"，反而爆发出赤诚率真的天性，他也忘记了嘲讽别人，却把自己化身黑衣人投入这场战斗中。

故事的前半段基调是淡淡的清冷和忧伤，一个优柔寡断的十六岁少年如何能报仇呢，眉间尺的性格描写得细致入微。面对老鼠的踌躇、母亲悲哀的叹息，全被名剑出场时的清辉遮掩了，

"窗外的星月和屋里的松明似乎都骤然失了光辉，唯有青光充塞宇内。那剑便溶在这青光中，看去好像一无所有。"

后半段则是沸沸扬扬的热烈。眉间尺虽然性格优柔，但有沉着的判断力，他毫不犹豫地相信黑衣人，用头颅和宝剑托付对方完成这次报仇。咻咻嘶鸣的水沸声中，炭火也正旺，黑色人变成红黑，如铁的烧到微红，眉间尺的头颅在沸水中打旋子夹着穿梭，激得水花向四面飞溅，满庭洒下一阵热雨来。而黑衣人"宴之敖者"，在紧急时刻毫不犹豫地加上自己的头颅，终于获得了这场头颅大战的胜利，畅快而惊心动魄。

人的脑袋掉了之后，还能支撑多久？化学家拉瓦锡用自己的生命做过这个实验：大概十秒钟。报仇的头颅掉到沸腾的热水鼎里，还能支撑多久？也不过一两个时辰，但总要确认敌人的头消灭，才可"四目相视微微一笑，随即合上眼睛仰面向天沉到水里去了"。

黑衣人是作者理想中的自己，那个横眉冷对千夫指的鲁迅，怼天怼地怼空气的鲁迅，内心却是热忱的，他始终站在青年人的身后，热切地支持他们。老舍是理解鲁迅的，他说，"他有颗纯洁的心，能接近青年；他有奋斗的怒火，去管闲事；他爱护青年，有时候近于溺爱了"，青年人哪怕是性格软弱，但只要还有勇气敢亮剑，他就会毫不犹豫搭上自己的生命去帮助他们，这是何等的决绝，何等的气魄！

"中国人不会愤怒，也不喜别人挂火，而鲁迅先生却是最会挂火的人。假若他活到今日，必定用他的笔时时刺着那些不会怒，不肯牺牲的人的心。可是，我们上哪里去找另一个鲁迅呢？"

没有另一个鲁迅。如今的我们，别说亮剑，可能连说真话的勇气都不复存在了，能说真话的唯有小孩而已。

小孩子说真话脱口而出，人人称道童言无忌真可爱；一把年纪再桀骜狷介，就变成了不合时宜。

当今说真话成了稀缺的品质。以情商的名义，为了不得罪人，我们说话反复掂量，因对方的身份而组织不同的措辞，即使是朋友之间，也不存在什么"诤友"，我们戴着面具，嘻嘻哈哈一团和气，不忍指出他的弱点，怕说出来彼此尴尬。我们对这样的状况习以为常，当偶然有人讲一句真话——就像《皇帝的新装》里面的孩子——便会获得大家纷纷惊讶，继而是点赞。

只有在匿名的网络上，才会一把扯下伪善的面具，走向另一个极端，对并不知情的事情指指点点、打打杀杀。

鲁迅自然是说真话的，虽然真话不见得等于真理，为此他几乎得罪了整个知识界。

在《非攻》一篇中，墨子跟公输般话别时，先是就"义"和"舟战"孰强的问题教育了公输般一番，公输般自知理亏，已有认输之意，便把自己做的木头喜鹊展示给墨子以示友好，不想又碰了一个钉子，墨子趁势又教导他"有利于人的，就是巧；

不利于人的，就是拙。"公输般只好讪讪收起巧夺天工的木头喜鹊。

多么耿直的墨子，铮铮剑鸣，是说自古贤者都是直来直去的秉性，完全不顾对方的面子的吗？

我们都爱实干家

《故事新编》里面的人物，许多是空谈家，比如不食周粟饿死在首阳山的伯夷叔齐、空洞的图书馆长老子、腹黑权谋的孔子、强行复活死人的庄子。

但还有另一类人，比如墨子，很有点不同。

墨子出身平民，在少年时代做过牧童，学过木工，技能连名匠鲁班都自愧弗如，有种木工专用的工具就叫"墨斗"（并非因墨子得名），当然墨子的主业还是思想家。

要说思想家，首屈一指的是孔老师。孔子出身没落的贵族家庭，没有贵族的身，却有贵族的心，想方设法提升个人修养，成为"仁人君子"，力图以旧时周礼为蓝图，建立封建社会新秩序，为此他走遍了列国，传播自己的治国理念，孔子走的是上层路线。

孔子拥护传统制度，墨子则对古代文明持批判态度，是新社会秩序的追求者，冯友兰先生说："墨子则是一位充满战斗精神的布道家。"孔子养尊处优，墨子则是恶衣粗食，胼手胝足的苦行者，走的是平民路线，关注群体的公义。

看到楚国要打宋国了，墨子走破了鞋，磨破了脚，也要前去斡旋，在楚王面前，穿着公输般借给他的衣服，人太高衣服太短，像一只高脚鹭鸶，这只"鹭鸶"就闲庭信步一般的为宋国阻止了一场飞来横祸，不过讽刺的是，这位宋国的恩人随即就被宋国政府剥夺了仅有的少量财产——但墨子也不后悔。

除了有外交斡旋的本领，墨子还是军事家，坐而论道的背后是弟子们在做战斗的准备。《墨子》一书当中有许多篇讲的都是军事理论。

墨子又是科学家，发现了小孔成像的原理。中国第一台量子科学实验卫星以墨子的名字来命名。科学重实验，鄙视老农和老圃的人可能不会有科学上的发现。

所有这一切都指明一件事——墨子是一位实干家。在鲁迅写作的 20 世纪 30 年代，克己复礼和无为而治都不太适用，唯有深入民众、卷起袖子埋头苦干的人才是民族的脊梁，所以鲁迅讥讽了孔子，嘲笑了老庄，激赏了墨子。鲁迅着实是可爱的，虽然怼人无数，可是怼的都是空中楼阁、阳春白雪的知识分子，对于墨子和身边的下里巴人、穷苦的闰土和长妈妈们，他始终是支持和悲悯的。

禹也是实干家，浩浩怀山襄陵，人民都浸在水里。禹走遍了旱路、水路、泥路、山路，放田水入川，放川水入海，跟下属和乡民有肉同吃，有难共担，才疏浚了洪水。

女娲也是实干家，女娲在造人和补天的时候，是欢喜的，但当伊面对人们无谓的征战杀伐时，感到了无尽的无聊。让人想到《野草题辞》的第一句"当我沉默的时候，我感到充实，我将开口，同时感到空虚"。

今天也有无数的实干家，人们听不到他们的声音，任尔东西南北风，他们只埋头干好自己分内的事，他们才是民族的希望。

这些年我很少读鲁迅的作品，感谢我女儿的语文老师，在网课期间，把课文《阿长与〈山海经〉》讲得如此精彩，让我也跟着重拾对鲁迅先生的热爱。

当我又读到《呐喊·自序》的第一句"我在青年时候曾经做过许多梦，后来大半忘却了"，我便心潮起伏，那些熟悉的语句，那些寂寞的情绪，历经几十年仍似乎还能背诵若干。

呼吁中学课本的编写者，不要被舆论裹挟着删掉鲁迅的文字，没有哪个中国现代作家，能像鲁迅先生这样深刻，而深刻是从青少年时期一点一点地渗入人的思想的。多年以后再回忆，会发现这些文字的力量正是我们民族的力量，它们已经深入骨髓和血液。

美哉中华文化

——李泽厚《美的历程》

它是包含各种潜在的精神可能性的神，内容宽泛而不定。它并不显示出仁爱、慈祥、关怀等神情，它所表现的恰好是对世间一切的完全超脱。尽管身体前倾，目光下视，但对人世似乎并不关怀或动心。相反，它以对人世现实的轻视和淡漠，以洞察一切的睿智的微笑为特征，并且就在那惊恐、阴冷、血肉淋漓的四周壁画的悲惨世界中，显示出他的宁静、高超和飘逸。

——李泽厚《美的历程》

1981 年，一本仅有十几万字的"小"书刚刚出版就风靡了全国，这本书并不算通俗，其中包含大量的文言引文和许多专业术语，但却在青年中引起了巨大反响，每个有文化有追求的青年都要读这本书，它的作者、哲学家李泽厚也因此被称为青年导师——这本书就是《美的历程》。

这样一本书成为畅销书在今天似乎不可思议，是 20 世纪 80 年代的年轻人特别好学上进吗？是的，但也还有另一个众所周知的原因，刚刚过去的 20 世纪 70 年代是美的荒漠、文化的冬天。当这个漫长的冬季终于有了冰雪消融的迹象，当柳枝上萌发出了第一片返春的嫩芽，每个人都要争相来驻足、欣赏、憧憬。

而这片早春的嫩芽又是如此光彩照人，它积蓄了时间的力量——虽然作者写作仅用了几个月的时间，但几千年的文化精髓洋洋乎溢出书页，无疑是几十年来的厚积薄发；它又挣脱了旧套路的羁绊，为艺术而艺术，字里行间闪烁着人性和纯粹的美，带读者做一次穿越时空的文化巡礼，所以它的畅销也就毫不奇怪了。

我们经常会不经意地被一些美的瞬间触动心灵，一到下雪天，朋友圈里就诗意盎然，多少人都在图片上面的配文里写上白居易那句"晚来天欲雪，能饮一杯无"？是文化给我们一个优雅从容地表达美感的渠道。

那么，为什么古人会留下来这么多文化瑰宝？为什么每个时期都会有如"楚辞汉赋，北朝佛窟，唐诗宋词，唐代书法，宋元山水，明清小说……"这样不同的艺术集中点，为什么这些艺术又逐渐衰落下去？盛世（比如唐朝）会有文化繁荣，为什么乱世（如魏晋南北朝）也会留下更加灿烂的思想？而今天即使它们都已经走远，为什么依然能够感染和激励着我们？

如果你对这些问题有过一丝丝的好奇与疑惑，那么读《美的历程》这本书就对了，它未必会完全解答所有这些疑惑，但足够引导读者进行全面的思考。

读完之后，我不愿把它简单称作美学著作，这更是一部以"美"为线索串联起来的中国文化史。冯友兰先生说得准确："《美的历程》是部大书（应该说是几部大书），是一部中国美学和美术史，一部中国文学史，一部中国哲学史，一部中国文化史。"

全书共分十章，它们是：龙飞凤舞、青铜饕餮、先秦理性精神、楚汉浪漫主义、魏晋风度、佛陀世容、盛唐之音、韵外之致、宋元山水意境、明清文艺思潮。每一章介绍了一个时期的艺术门类的发展，高屋建瓴、脉络清晰从容地把中国文化展现给我们。现实决定艺术，每个时代的艺术，与当时的社会政治经济有密不可分的关系，所以作者的每一章也基本遵循这个思路，力图挖掘出艺术发展背后的社会原因。

前段时间我去国家博物馆，当时正在展出"天地同和——中国古代乐器展"，第一件展品就是贾湖骨笛，它出土于新石器时代裴李岗文化（公元前5600—公元前4900年）。这件骨笛见证了在中国，礼乐在至少8000年前的部落氏族时期就已经滥觥，多么悠久的回响！遥想先人执鹤骨，笛音响起，天人互答，整个部落蹁跹起舞，是多么原始与野性的美！

当然，毫无疑问，整个中国古代最让我们自豪和扬眉吐气的还是盛唐之声，当分裂已久的南北洪流终于又合流，历史驶入隋唐的正轨，一个对外开疆拓土、国内安定统一的大唐盛世到来，文化也爆发出前所未有的青春和欢乐的气息。

六朝诗人的长吁短叹已过时，盛唐诗歌是多么清新，《春江花月夜》唱出了少年式的人生迷思和宇宙意识。英雄主义情怀还催生出一种新的诗歌题材——边塞诗，每个人都渴望建功立业，李白用他的天才把盛唐之音推上了顶峰，而同时到达顶峰的还有书法，张旭和怀素用不同的艺术形式与李白唱和同一种情感。

胡琴琵琶与羌笛，开放的大唐奏响着各种异国曲调，长安城里不仅舞动着"秦王破阵"和"霓裳羽衣"，还有连肥胖的安禄山都擅长的胡旋舞，这些音乐歌舞是人世间的欢快心音。石窟艺术也达到了新的阶段，佛像的神情不再像北魏时期那样淡漠、超脱，而是变得慈祥和蔼，关怀现世，一种全方位的盛世雍容与气度弥漫着整个大唐，短暂又辉煌。

盛唐之音真的美好，但是全书给我印象最深刻的部分还是在它之前的"魏晋风度"一章。

曾经有人问过这样一个问题：诗人"佚名"写了那么多的

诗，那么他在所有诗人里到底排名如何？我的回答是：写了《古诗十九首》的"佚名"，可以列入所有诗人的前五，如果不写《古诗十九首》，诗人"佚名"连前一百名也排不上。

李泽厚认为，《古诗十九首》"无论从形式到内容，都开一代先声。它们与友情、离别、相思、怀乡、行役、命运、劝慰、愿望、勉励结合糅杂在一起，使这种生命短促、人生坎坷、欢乐少有、悲伤长多的感喟，愈显其沉郁和悲凉"。

在这个战争频繁、社会动荡、生命卑微的时代，旧有的信仰和价值被推翻了，现实如此令人无可奈何，如何把握这短促而苦难的人生呢？在寄情于文章、药、酒、山水、玄学的同时，门阀名士苦苦思索如何寻找生命的意义、如何把握自己的命运，这便是"人的觉醒"——理性被重新发现，真正思辨的纯哲学产生了，真正感性的纯文艺产生了，《古诗十九首》之后，又有"三曹"、阮籍、陶潜、王羲之等大批显赫的代表。

文化艺术与政治经济并不一定同步和匹配。这个新的思潮，发生在政治最黑暗、社会最混乱的魏晋时期，处处是杀戮，人民是"何不食肉糜"的困苦，贵族也活在"华亭鹤唳不可复闻"的恐惧中，佛是如此的冷漠，人的觉醒是这样的沉痛，对生命的喟叹永远无解，就在这样的时期，文化反倒大放异彩，或许痛苦才是艺术的源泉，或者说，是部分艺术的源泉。

只有当一切远去，文明的脚步轻快地迈进了，我们才能加以欣赏这些命运的艺术——当战争与杀伐走远，美方能显现出来，如同沧海遗珠，散落在退潮之后的海滩上。同样的例子还有长城，这条蜿蜒于群山峻岭之巅永恒飞舞的巨龙，美得雄伟霸气，却凝聚着无数的血泪和尸骨。

一个真正的文化黑暗时期是清朝。

市民文艺和上层浪漫思潮，在明末发展到极致后，遭受了本不应有的挫折。落后的少数民族总是更易接受和强制推行保守、反动的经济、政治、文化政策。与明代那种突破传统的解放潮流相反，清代盛极一时的是全面的复古主义、禁欲主义、伪古典主义。作为明代新文艺思潮基础的市民文艺不但再没发展，而且还突然萎缩，上层浪漫主义则一变而为感伤文学。

清朝统治中国长达二百多年，真令人心痛，我不爱看清宫戏，对多人吹捧的康雍乾大帝也无感，赫赫扬扬的大清王朝，被虚幻的光芒掩盖住的是思想观念全方位的倒退。

历史不曾停止过脚步，文化也不会停滞不前，"俱往矣，然而，美的历程是指向将来的"。当前我们也处在历史的进程当中，又为历史增加了什么美的内容？

想来想去，在文学方面，小说应当仍然是继续发展的主流。从明朝开始，高雅的趣味逐渐让路于世俗的真实，文艺走出贵族圈子走近平民大众，在可预见的将来依然会延续这个趋势，真实又深刻地表现世俗生活仍然是小说的目标。虽然《红楼梦》高山仰止一样挡在前面，但它毕竟是现象级作品，近现代小说整体水平超越红楼之外的其他古典小说终归是必然的。

另外一个确确实实的新形式也许当属电影。这个基于现代科技、用声光影全方位打造艺术效果的舶来品，只有百余年的历史，它正蓬蓬勃勃如日中天地发展。每年荧幕上晃动着文艺、动作、科幻、动画、喜剧、历史等各种题材的故事，吸引着观众的情绪，影视明星引领着一代风骚，成为大众追捧和艳羡的对象，每年也有若干动人的、新奇的、深刻的作品积淀下来。电影，或许是值得书写进历史的时代风貌。

庄子说："可以言论者，物之粗也。可以意致者，物之精也。"庄子是这样善于抓住艺术审美和创作的规律，那么，请你告诉我，为什么李泽厚先生可以把五千年来的"物之精者"都用精美的语句言传出来呢，为什么他的言论不仅精确，还能直达我的心灵，让我也可以意致呢？

08

谁是最懂杜甫的人
——叶嘉莹《叶嘉莹说杜甫诗》

真正的理想是一种求真、向善、要好的本能，不是说求真、向善、要好是为了以后得到什么回报。像陈景润搞数学，他也不是为了出名，而是发自本心就要钻研，这种本性是"固莫夺"的。

——叶嘉莹《叶嘉莹说杜甫诗》

李白还是杜甫？

这世上，总有成就相当、名声并列，且风格迥异的二人，分别是不同人群的心头好，比如李白和杜甫，莫扎特和贝多芬，他们代表两种不同的人，虽都有很高的成就，但前者可称为"天才型选手"，后一种更多的是"勤奋型选手"。

当然，天才型选手也必须勤奋，勤奋型选手也必须有相当的天赋，才能保持在最高水准，二者缺一不可，但仍有侧重，并有明显的区别。

就拿李白和杜甫来说，你更喜欢谁？

世人推崇和喜欢李白的明显更多，原因有以下几个：

李白的诗，有一种天才的想象和飞扬的气势，浑然天成，处处散发浪漫豪放的气息，而杜甫诗中的自己总是一副很衰的样子，永远皱着眉头忧国忧民，"凭轩涕泗流""少陵野老吞声哭"，这样凄惨的形象谁会喜欢啊！

李杜李杜，李在前杜在后，"诗仙""诗圣"，仙人当然胜过圣人。仙人不可学，只能欣赏与崇拜，而杜诗可学，韩愈、白居易、小李杜以及宋代几乎所有诗人都在学杜甫。宋代严羽在《沧浪诗话》中说，"少陵诗法如孙吴，李白诗法如李广"，就是说李广用兵如神但无迹可寻，孙吴著有兵书让人有法可依。（你是来黑李白的吧，败军之将李广真的配跟孙吴相提并论吗？）

杜甫本人都是李白的小迷弟，动不动就写句"白也诗无敌，飘然思不群""笔落惊风雨，诗成泣鬼神"什么的吹捧偶像，有时候为了不让人起疑，不惜写一大堆"饮中八仙"，只为衬托心目中真正的偶像李白。

钱穆先生说："世上常有二人齐名，如'韩柳''孔孟''墨荀''陆王'等，虽齐名，但仍以其中一人为较高。此处如李、杜齐名，但以杜甫为高。"

叶嘉莹说唐诗，也说李白是"真正的天才"，应属于天上而不属于人间。可是她把讲李白的部分放在讲初盛唐 13 位诗人的合集中，而杜甫，她单独讲了整整一本书。

怎么会这样？那个灰色的老头，动不动就哭的老人家，怎么在这些"大家"的心中竟然超过了我们大家都爱的李白？

想来想去，李白的好，在少年的向往中，"孤帆远影碧空尽，唯见长江天际流"，多么大气，多么高远；"闲来垂钓碧溪上，忽复乘舟梦日边"，多么潇洒，多么飞扬——虽说潇洒飞扬只是外表，失意的悲哀才是李白的内心。

杜甫的好，在人到中年之后见惯了世间各种暗流之后，才发现，原来杜甫这老人家，技高但不炫技，对生活的感受力极强，虽然人送四字"沉郁顿挫"，但是他可不光会不避丑拙写"麻鞋见天子，衣袖露两肘"这样"土气"的诗句，春天来了，杜甫也有"穿花蛱蝶深深见，点水蜻蜓款款飞"的兴致，高兴时，也一样"白日放歌须纵酒，青春作伴好还乡"。

李白的情也真，多是从自身抒发胸臆；杜甫的爱也深，是为苍生洒下的同情泪。李白是飘在天上的一朵白云，飞扬轻灵，杜甫是立在大地上的一座山，沉着稳重。李白不羁的背后是自己无尽的失意，杜甫失意的时候也始终悲天悯人。悲剧的力量永远强过大团圆，李白在思想的深刻性方面是不及杜甫的。

　　问题来了，既然李白对杜甫是天对地的优势，具有碾压性的先天条件，那李白理应毫无争议夺得诗坛桂冠，为什么偏偏忠厚老实的杜甫常常被后世推选为第一呢？

　　这也许是天才的一个通病吧，天才花三成功力就能完成别人花九成功力才能做好的事情，时间久了就习惯于使出三成功力，忘了自己另外的七成；而天资差一点的人知道自己必须努力才能追赶，往往使出十成功力，于是用力过猛超越天才，也是常有的事。

　　李白有一首《戏赠杜甫》的诗：

　　"饭颗山头逢杜甫，顶戴笠子日卓午。借问别来太瘦生，总为从前作诗苦。"

　　我在饭颗山上遇到杜甫，大中午的，头上戴着竹笠。我连忙问：兄弟，当日一别，你咋瘦成这样？难不成是作诗太辛苦啦？好一幅学神戏谑学霸图！不就是写首诗吗，我杯酒下肚提笔一挥分分钟就有，何至于劳神弄得自己瘦不拉几呢？

　　而杜甫毫不避讳自己的刻苦，坚守着"勤能补拙"这个真理，"为人性僻耽佳句，语不惊人死不休。"——我这个人啊，就是轴，要是想不出一句好诗我死也不甘心。

　　他孜孜不倦地学习，"不薄今人爱古人，清词丽句必为邻。"从他的诗中可以看到成长和开拓的痕迹，可以说，李白承上、杜甫启下，李白擅长的古体诗，杜甫也能写得好；在新诗体开创面前，他更是走到了李白的前面，独步巅峰。时间证明，杜甫终于超越了偶像，自己成了千万人的偶像，他的诗不仅思想性更高，在艺术上也成为诗歌的集大成者。

谁是杜甫的知音？

我要开始读杜诗啦，可是为什么会枯燥无味昏昏欲睡？原来是——没！文！化！老杜的诗并非"浅近"的诗，可能需要有人对若隐若现的历史典故进行解读，还可能需要人对他的语言和情感进行指引，最合适的人非叶嘉莹先生莫属了。

叶嘉莹先生说："凡是最好的诗人，都不是用文字写诗，而是用自己整个生命去写诗的。"套用此话，叶先生作为最好的讲诗人，不是用语言去讲诗，而是用自己的整个生命去推广中国的传统文化。她自己说："皆由于我自幼养成的对于诗词之中感发生命的一种不能自已的深情的共鸣。"

叶嘉莹先生讲杜甫，往往会给人无脑夸大、无限推崇之嫌，不由让人心生怀疑，觉得她可能不够公正。

比如说，讲到李白，她会说："李白的诗，百首以上你会觉得厌倦；杜甫的诗，'十首以下难入'，但是你读得越多，对他的感触就越多。"

提到王维，她就说："王维有艺术家的眼光和感受，但是缺少杜甫那样深挚博大的情意与胸怀。"又说王维是"泯没了是非黑白的潇洒"。

至于白居易，她评价说："同样温泉洗澡（白写'温泉水滑洗凝脂'，杜甫'烟雾蒙玉质'），写得通俗也未尝不好，形象真切美丽，念起来也悦耳动听，可所写人物的身份就比较降低，情调就比较粗鄙了。"

甚至她自己喜爱的李商隐，她也会说："李商隐一个最大的缺点是，有时候忽然会出现轻薄的句子，杜甫没有这样的诗句，这是人的品格问题。"

杜甫真的这么完美？当然艺术方面不存在争议，他完全能驾驭各种题材的诗，但是他似乎是个愚忠的人哪，他的性格似乎也并不太可爱，他的忠君思想是不是时代的糟粕？叶先生您这样捧他是不是真的过分了？

这毋宁说是基于相似的经历和相同的品格发出的惺惺相惜之叹吧！正是这些偏爱，让叶先生的讲解更加独特，她不用学术的口吻说话，而是用女性的细腻和联想去解读和包容杜甫，更强调"感发"的力量。

人生来都带着家族的烙印，杜甫的家世很好，是三国时期名将杜预的后代，祖父杜审言也是诗人，外祖母是唐太宗之孙义阳王李琮的女儿。杜甫曾骄傲地对儿子说，"诗是吾家事"，名门之后，就是这么自信。

成长在儒家士族，受到的教育是以天下为己任。可是教育到位了，甚至还有些许拼爹的资本，但命运却跟他开了个天大的玩笑，家道已中落，世道又混乱，再加上性格迂阔，理想中的人生并没有出现。

不过，上天关上了他"致君尧舜上"的门，却为他打开了另外一扇窗，用他一生的困顿为代价——乱世毁灭了他的理想，也成就了他的诗歌。

因为乱世，他自己不幸，也看见了民生的疾苦，他总是从自己的悲哀联想到别人的不幸。房子漏雨，他就想，"安得广厦千万间，大庇天下寒士俱欢颜！"自己的儿子饿死了，他又会想，"生常免租税，名不隶征伐。抚迹犹酸辛，平人固骚屑。"——我好歹是"士"，不用纳税不用服役，那些平民不知道要比我惨多少倍啊！

抗战时期，叶嘉莹正上初中，北平沦陷了，父亲不愿留在沦陷区，跟着政府去了四川，自己和弟弟妹妹们留在北平，经常被勒令参加庆祝大会，庆祝长沙陷落、武汉陷落，庆祝自己的同胞被打败，何等的辛酸！

何以解忧？唯有杜诗："野旷天清无战声，四万义军同日死"，诗中身在长安的杜甫，听到唐朝军队败北的消息，四万青年人全部被叛军杀害，那一刻他与敌占区的青年叶嘉莹是穿越千年心意相通的。

按理说，杜甫亲历这么多民间疾苦，他当然知道这一切跟皇帝的所作所为有关，他也痛心疾首地写诗揭露，可是他心怀怨气地指责皇帝了吗？没有，并非完全不敢说，毕竟有通行的做法"讽喻"，他可以像大愤青杜牧一样借古讽今（"一骑红尘妃子笑""隔江犹唱后庭花"），但是杜甫在开元年间成长起来，也见过玄宗，亲历过"稻米流脂粟米白，公私仓廪俱丰实"的盛世光景，他知道玄宗曾经是个好皇帝，怎忍心见他败坏而唾弃他？

他对皇帝是尊敬的，这是他的本性，"葵藿倾太阳，物性固莫夺"，就像向日葵朝着太阳转动一样，永远不可能改变。这是中华千百年来儒家读书人的传统，"忠爱出于天性"，忠厚是他的优点，也是他的缺点。

杜甫可能是愚忠的人，但是有些人正是因为这种"痴气"而可爱，屈原是这样的人，苏轼是这样的人，理解的人自然理解，不能理解的人永远不会明白。叶嘉莹也是这样一位传统文人，这是她强势为杜甫代言的原因。

杜甫在他的时代并不受诗坛的器重，他晚年写道"百年歌自苦，未见有知音"。活着的时候，没有一个诗人给他一点点文学上的肯定；但是百年后，他的诗歌从尘埃中焕发出熠熠光彩，他的知音开始源源不断地涌现。

现在叶嘉莹先生用自己的审美、博学和正气，完全展示出了杜甫的境界，她可说是这个时代最懂杜甫的人，一个真正的知音。

09

有趣，就是对人间的热爱
——汪曾祺《鸡鸭名家》

> 鸭嘴是角质，就像指甲，没有神经，刻起来不痛。刻过的嘴，一样吃东西，碎米、浮萍、小鱼、虾蚤、蛆虫……鸭子们大概毫不在乎。不会有一只鸭子发现同伴的异样，呱呱大叫起来："咦！老哥，你嘴上是怎么回事，雕了花了？"
>
> ——汪曾祺《鸡鸭名家》

以前，我不太分得清沈从文和汪曾祺，甚至有时候以为是同一个人，原因嘛，当然是读书少。可是，谁让他们都是善写南方水乡风情的呢，我又恰好同时买了《边城》和《受戒》，于是"船"的意象就从他们的小说中划出，牢牢地停泊在我脑中，我这样糊涂也并不是毫无理由的。

好在后来多读了几本之后终于弄清楚，汪曾祺是沈从文的学生，虽然两人文风类似，但还是有明显区别的。一样清新抒情散文诗般的小说背后，是不同的悲喜之情。沈从文的作品时间上离我们更远，清澈空灵的田园牧歌背后弥漫着淡淡的忧伤；而汪曾祺的语言稍微现代一些，素有"生活家"的名声，他的作品更从容、乐观一些。

这恐怕也跟师生二人的人生和性格有关系。沈从文小时候家贫，后来苦恋名门才女张兆和，虽终成"眷属"却依然未得到她的心，人生幸福感想来比较低，忧伤也根植在内心深处。而汪曾祺家境较好，早年如好奇宝宝一般在放学的路上东瞄西逛。后来书读得多，升入西南联大，毕业后当教师，中华人民共和国成立后做编辑，家庭幸福，虽然也当右派，但是似乎受苦也并不算太多，顺遂的人生和豁达的个性相互成就——因其为人豁达，生活才不算苦，因生活还好，性格和文字越发畅达。

师徒二人谁写得更好，谁文坛地位更高？我不知道，有可能是沈从文；但要问我更喜欢谁，那我要不犹豫地说：汪曾祺。

汪曾祺的文字太鲜活生动、太接地气了，他又很有趣，时不时来点轻轻淡淡的小幽默，但并不故意发力"胳肢"读者，毕竟爆笑的文风会让人忽略文字原有的意境。

三百六十行，行行在我心

汪曾祺的作品主要是短篇小说和散文，但有时候也不太分得清其中的界限，因为他的小说都是用散文化的语言写出来的，情节也都不甚复杂。对汪氏作品的一个比较容易的分类是按照故事的背景地域来分：家乡高邮、云南西南联大、上海、北京、张家口，循着他人生的轨迹一路走来。但是，写作的时间却并不是如此的顺序，老年时期，他仍然对童年的每一个生活细节都记忆犹新，于是又写了许多以家乡为背景的作品。

读汪曾祺的小说，最吸引人的，莫过于对各行各业百态的描写了。不知道有没有人统计过他写过多少行当？不敢说三百六十行，但上百行总是有的，"当和尚"、木匠、锡匠、挑夫、画师、卖米、炕鸡、放鸭、卖豆腐、卖熏烧、卖馄饨、卖水果、管理果园、制糖、卖糖藕、卖椒盐饼子西洋糕……咦，说着说着口水都要流出来了，而且每一行都有那么细致的描写，真可说是文字版的《清明上河图》了（每当我写出自己的感觉，就发现已经有人这么说过了，好无奈自己的没有新意）。

汪曾祺的故乡江北水乡高邮，并非传统意义上男耕女织的农村，这里人们多以各式各样的手艺为生——也是中国南方经济活跃的一个侧影。那里有个很大的高邮湖，以产高邮大麻鸭和高邮咸鸭蛋著名（前几天我买了几个咸鸭蛋，品牌就叫"赛高邮"）。汪曾祺曾经幽默地说道："我对异乡人称道咸鸭蛋，是不大高兴的，好像我们那穷地方就出鸭蛋似的！"——是呀，大家都是凭本事生存，炕鸡的、赶鸭的、卖熏烧的，怎么就不如做咸鸭蛋的呢，必须写出来让大家都知道。

《鸡鸭名家》是我很喜欢的一篇小说，在读它之前，我这个北方"侉子"从未曾想到还有这样的职业高手，相信南方人知道得也不多，什么职业呢，说起来也平常，就是孵小鸡和赶鸭子。

在主角登场之前，照例先是大段的水乡风情白描，有人运鸡，有人分鸭。然后作者卖了个关子，"沙滩上有人在分鸭子。四个男子汉站在一个大鸭圈里，在熙熙攘攘的鸭群里，一只一只，提着鸭脖子，看一看，分别丢在四边几个较小的圈里。"

到底是在分什么？是把公鸭子和母鸭子分开？不对，那样只需要分成两堆即可；把新鸭和老鸭分开？也不对，这些鸭子都是同龄鸭，而且鸭子也不像牛马一样看牙口就知道年龄。到底在干什么呢，其实一旦有过生活的经历，就再简单不过了。

接下来才是主人公之一余老五登场。余老五的职业是炕鸡，也就是孵小鸡。这也算个职业？必需的，而且是技术工种。"炕"，是用微火烘着的缸，缸里的泥和草上面是鸡蛋。炕既不能太热也不能不热，太热了蛋会熟了，不热的话温度透不进蛋里去，如何掌握温度呢，全靠余老五的经验和感觉！

如何让小鸡孵出来更大一些呢？要等它们的绒毛出足，全看出炕的时机！出炕要稳、准、狠，敢于在最后一刻把蛋取出来放到"床"（木架）上，才能孵出最大最精神的小鸡，如何把握时机呢？全靠余老五精确敏锐的火候把握！

余老五不是老板，而是技术总监，可是他的业务精通到这样的地步，已经成了老板余大房不可或缺的核心人物，"没有余老五，余大房就不成其为余大房了。没有余大房，余老五仍是一个余老五"。不过如果是今天，这么精妙的技术在现代化的温度控制仪面前可能就没什么优势了，但老板却依然意气风发，手艺人的没落也实在是无可奈何。

另外一个人物是陆长庚，赶鸭赶得好，于是人们叫他陆鸭。有人赶着几百只鸭子过河，鸭子不听招呼躲进了芦苇丛，他急得直哭，别人给他支招赶紧去找陆鸭。陆鸭来了之后，"把船撑到湖心，人扑在船上，把篙子平着，在水上扑打了一气，嘴里喷喷喷咕咕咕不知道叫点什么，赫！——都来了！鸭子四面八方，从芦苇缝里，好像来争抢什么东西似的，拼命地拍着翅膀，挺着脖子，一起奔向他那里小船的四围来"。

如果说前面余老五还是实写，那么陆鸭就有些虚写的意味了，没有什么原理，就是神乎其技，让人看到不可思议。传说孔子的弟子公冶长能通鸟语，"有人爱跟牛、羊、猪说话，牛羊也懂人话。要跟鸭子谈谈心可是很困难"。看来陆鸭能通鸭语，真是"天赋异禀"，否则实在不好解释啊。

我以为《鸡鸭名家》是我最喜欢的一篇，但当我读到《异禀》，又推翻了之前的判断。王二的熏烧（就是卤味）卖得好，在同一条街其他店铺羡慕的眼光中，王二发达起来了。有见识的人说，发迹的人都有异禀，刘邦左腿上有七十二颗黑痣，朱元璋生就五岳朝天脸，樊哙能吃整只猪腿，张飞睁眼睛睡觉，那么王二有什么异禀呢？王二不懂什么是异禀，但是在众人的启发下他想起了一个忍俊不禁的"异禀"。

这些小人物，活得有声有色，他们有他们的异禀，作者汪曾祺也自有异禀——就是对生活的热爱和感知，对三教九流的关切与欣赏。童年时候，他就像自己小说中的李小龙一样，随处流连，东张西望。民间风俗像一幅幅画、一首首抒情诗一样吸引着他。他说："一个作家如果真诚地反映出所了解的世界，他就实现了自己的责任。"

在现代京剧《沙家浜》中，他凭着对茶馆生活的稔熟，写了这样的词："垒起七星灶，铜壶煮三江，摆开八仙桌，招待十六方，来的都是客，全凭嘴一张，相逢开口笑，过后不思量，人一走，茶就凉。"别管它是什么时代的产物，这几句词是多么美啊！

我有一个疑问，如果活到现在，汪曾祺会不会也写写现在的娱乐小明星、程序员们呢？——可能不会吧！每个人都有属于自己的时代，秦老吉那副楠木馄饨担子无人可以传承，汪曾祺的市井作品也成了绝唱。

我写的是美，是健康的人性

汪曾祺去世后，声誉日渐增长，人们开始读他研究他，甚至有人把他比作当代苏东坡，主要是因为个性乐观，加上又善于生活，会做菜云云。

其实这样的类比，我觉得也不太妥当，汪曾祺的确是一个乐观主义者，也会做菜，但是苏东坡却是一个行事乐观的悲观主义者，两人作品的本色是不同的。

苏东坡的许多作品都反映出对社会的空漠感和无力感，"寄蜉蝣于天地，渺沧海之一粟""人生如梦，一樽还酹江月"，人生是这么短暂与渺小，我该何去何从啊！但是汪曾祺作品没有这样的情绪，他说："对于生活，我的朴素的信念是：人类是有希望的，中国是会好起来的。""我的作品的内在的情绪是欢乐的。我们有过各种创伤，但是我们今天应该快乐。"汪曾祺是真心热爱生活向往明天的。

你看在《受戒》中，小英子和明海和尚的爱情萌芽是多么的欢乐清新和美好啊，可有一点点忧愁和犹豫？

你看在《大淖记事》中，巧云要赡养两个残疾人，可是她依然充满了力量和希望，"十一子的伤会好吗？会。当然会！"

你看在《七里茶坊》中，掏厕所也那么绘声绘色，仿佛是一件很有趣的事情。而且他还在文中，写了这样一句话："过年，怎么也得叫坝下人吃上一口肉！我老是想着大个儿的这句话，心里很感动，很久未能入睡。这是一句朴素、美丽的话。"

"我写的是美，是健康的人性。美，人性，是任何时候都需要的。"

除了积极向上，汪曾祺还特别在意美的力量，他笔下的水乡如古朴的画卷一般，乡里乡亲都纯朴善良，当他看见一个稍加梳洗的少妇，他脑中就迅速构思出了巧云的干练与顽强。

世间丑恶，他并非不知，并非没有经历，但他更愿意写人之美好，因为他写的都是平凡的市井人家。"我觉得文艺应该写美的事物。丑的东西总是使人不愉快的。前几年有一些青年小说家提出一个不知从哪里来的奇怪的口号：审丑作用，有一些青年作家以为文艺应该表现恶，表现善是虚伪的。他愿意表现恶，就由他表现吧，谁也不能干涉。"

多么体贴的老人家！丑陋虽然更让我们应激，美却使我们愉悦。现实中有很多丑陋了，我们为何还要难为自己的感官呢？我更爱看美好的作品，当然在美的同时多一些思考和启示是最好的，这一点汪曾祺也做到了。

事实上，汪曾祺不但会写恶，而且写得相当高明，在《陈小手》当中，男产科医生陈小手医术高明，接生婆处理不了的都得找他，"陈小手活人多矣。"

联军团长太太难产，别人都弄不出来，还是陈小手费了九牛二虎之力，把孩子掏出来了，然而，接生之后，陈小手跨上马准备离开时——

团长掏出枪来，从后面，一枪就把他打下来了。

团长说："我的女人，怎么能让他摸来摸去！她身上，除了我，任何男人都不许碰！这小子，太欺负人了！日他奶奶！"

团长觉得怪委屈。

我读到这里的时候气得浑身发抖，他自己还觉得委屈！汪曾祺没有大肆描写狰狞的面目，残酷的暴行，没有那些刻板的套路化的描写，只用轻描淡写的一句话，"团长觉得怪委屈"，就比那些充分渲染的恶更有力量。没有人头上写着"邪恶"二字，当他们把作恶当作理所当然而浑然不觉其恶，才是最令人发指的。

今年（2020 年）是汪曾祺诞辰百年，各种版本的汪曾祺作品都冒出来了，有的书起了非常新潮的名字，在热热闹闹的纪念活动中，无数的汪粉为他着迷。我一方面非常欣慰有这么多的同好者，另一方面又特别想标新立异一下，显示出自己与众不同的文学品位，可是怎么办呢，我实在无法不喜欢汪曾祺。现在喧嚣过后归于宁静与平淡，还是让汪曾祺的作品来诉说他的魅力吧。

10

跟夏丏尊和叶圣陶先生学语文

——夏丏尊、叶圣陶《文心》

> 只注重思想而忽略训练，所获得的思想必
> 是浮光掠影。因为思想也就存在语汇、字句、
> 篇章、声调里。
>
> ——夏丏尊、叶圣陶《文心》

我很幸运，在中学期间遇上了几位优秀的语文老师。他们都是有能力有情怀的中青年才俊，用各自独特的风格，把中国文化的思想和美感，滴灌到我们这些青少年的血液中，伴随我们一生远行。

然而，并非所有孩子都像我一样幸运。语文这门课对老师的要求很高，一位好的语文老师，既需要用半生的人生经历去厚积薄发，才能在课堂上从容地旁征博引、激扬文字，又必须

从一字一词的细处着手，讲解文法，培养学生的读写能力。

那些没有遇上好老师的孩子该怎么办呢？幸好有我国最好的语文老师——夏丏尊和叶圣陶老先生，用多年的教学经验，把语文读与写的方法汇集成一本深入浅出的书，读了这本书，便胜却人间良师无数。

这本书就是《文心——不一样的国文课》，写于 20 世纪 30 年代，讲述了几个中学生（乐华、大文等）在老师和长辈的指引下学习国文的故事。每一章讲述一个语文知识，中间穿插社会时局和个人命运的变化，知识性和思想性兼顾。80 多年过去了，今天读来，仍然毫不落伍，而且它的读者绝不像作者设想的那样，仅限于中学生和中学教师，每个人都会从中获益。如果你在学生时代没有遇上它，那么在我郑重地推荐之后，无论你是多大年龄，都不要错过它。

1905 年，清朝废除科举制度，开办新学堂。当时的课程教材都从西方引进，只有"国文"一科没有教材，学堂里仍然教授历代古文。五四运动后大家提倡白话文，国文课受到了冲击，小学于是改设"国语"，课文选用的都是白话短文或儿歌、故事等。中学仍设国文课，但白话文的比重增加，鲁迅等新文学作家的作品被选入课本。这是背景。

既然学习内容有了较大改变，那么学习方法是不是也该有所不同？不仅当时的老师和学生感到迷惑，今天的语文教学依然是一个难题。还是听听二位先生的讲解吧。

让阅读有法可循

中国有句古话说，"书读百遍，其义自见"，陶渊明说："好读书，不求甚解；每有会意，便欣然忘食。"这就是传统的中国式读书方法——不解释，请自行感悟。这其中的原因与中国文字的特点有关，中文讲究意境多过逻辑，文字间又渗透进作者太多的个人情感与经验，所以往往只有作者自己明白。

鲁迅在《秋夜》中写道："我忽而听到夜半的笑声，吃吃地，似乎不愿意惊动睡着的人。然而四围的空气都应和着笑，夜半，没有别的人，我即刻听出这声音就在我嘴里……"请你解释一下听听？两位作者借书中的老师枚叔之口说：我不知道，只有鲁迅自己知道。

虽然如此，但中文也并非完全只可意会不可言传，仍然有许多语言的逻辑与规则，有人们共通的感情，在我看来，两位先生就是在用现代的逻辑分析方法，抽丝剥茧地讲解出文字中的奥秘。

首先说，阅读是否越多越好？乱读不但无益，而且有害。功课这么重，读了坏书必然挤占了读好书的时间。

那该读什么书？最重要的书当数字典类工具书。有这样一个问题：如果流落到荒岛上，只许带一本书，你会带什么书？我的回答是带上一本大辞典。

除了工具书，要读的还有古今中外的经典啊、中华文化的最高成就——诗集等，经史子集类实在是品类太多，鉴于人的精力实在有限，在需要的时候阅读就可以。

书海浩渺，想要涉猎得多，恐怕得手不释卷才行，书中的孩子比起现在的孩子，至少有一个专心读书的优势，没有手机等电子产品，现在的中学生，想想有多少原本可以读书的时间被手机霸占着呢，想想就令人惋惜。

至于怎样读书？读诗歌有方法，读小说有方法，读戏剧也有相应的方法。读的时候，大可以像古人一样高声诵读，用声音的高低、强弱、缓急，体会节奏、平仄与韵律带来的语感，乍看复古，其实是有效的训练，"书声琅琅"是记忆中校园最美的风景线，而书中为这些不同的声调和表达也带来了翔实的注解。

另外一个重要的读书方法是做读书笔记，读书笔记并非抄书，亦非搜罗辞藻，而是记述读书的心得和研究结果，用最简洁的语言，用议论批判的态度把自己的观点写出来，以备将来查考与运用。只有读书精细，才能写得出读书笔记，而写读书笔记，也就是使读书不苟且的一种方法。

好的读书笔记在中国文学中自成一家，在抒情的中国文字中另辟理性批注的道路。优秀的读书笔记和原书相得益彰，古人说，"曾见郭象注庄子，却是庄子注郭象"；又有王国维《人间词话》汇集文学、美学与哲学思想，提出境界说，达到了文学批评的崇高地位。

这样看来，虽然这一本国文课看上去不像现如今流行的"大语文"那样文史贯通、热热闹闹，但这才是真正语文教育者在传道授业解惑，而不是一个说书人在兀自讲得兴奋，全不顾听者能学到几分。

读书贵有新得，写作贵有新味

我们为什么要写作文？书中王先生说："作文是生活，而不是生活的点缀。"这个道理并不显而易见。写作可分"应用之作""习作"和"创作"，平常生活中需要的是应用之作，学生课堂上练习的是习作，灵感来袭时写出来的是创作。现代生活中，一个微信语音发过去，交流似乎完全可以不动笔啊？

但是仔细想想并非如此。糟糕的表达严重降低工作和生活的质量。我常常见到写得清楚明白的邮件，每一项工作的目的、原因、结果、问题都写得清清楚楚，不用说，邮件的主人思路清晰，工作质量高；而另一些人发来的邮件就非常糟糕了，既没有严格的格式，内容更是没有重点，有时候人们会嘲笑他们"文科生"。

这真是一个非常讽刺的观点，我也不能认同。文科生明明受过更多写作的训练，应该更强才对，怎么就成了逻辑不清的代名词了呢？恐怕是因为他们在习作阶段受到的训练只重视词汇修饰而忽略了基本的逻辑。在夏、叶二老这里，就不会出现这样的问题，他们不仅在全书中处处讲逻辑，而且专门用了"推敲"一节来讲述写作的严谨性。

古代的推敲多见于增加字词的意境，逻辑性是中文写作中不太在意的一个方面，这甚至在中国文化中引为美谈，比如禅宗中的对话，就思维跳跃，充满矛盾，它诚然是一种智慧与美，但是对年轻人的习作来说，必须跳出这种思维方式。

在如今这个互联网时代，每个人都是创作者，可以画画，可以写作，但都需要一个途径来表达自己，这就进入了创作。情动于中而形于言，当情意在心中活动，而这时候由相应的语言来表达，就形成了创作。

"读书贵有新得，作文贵有新味，最重要的是触发的功夫。"所谓触发，就是由一件事感悟到其他的事。触动我们灵魂的，可能是大自然中的简单物象，也可能是人世间的悲欢离合、战争中的无辜受害者，可是最难的是从平淡的生活中、日常的学习中，能够写出新意，但这也是最值得去写的，因为这样的才是最个人的、最真实的。

灵感的触发是随时随地的，所以怎样让它不稍纵即逝呢？"乐华把小小的手册放在衣袋里，心里一有所得，随时就写在手册上。不多几日，就写了许多页了。其中有几条只是零星的一两句话，有几条俨然就是小品文。"

社会这所大学堂

书中的人物乐华，出自良好的知识分子家庭，父亲枚叔是中学教员，后又到银行从事文字工作，但是由于时局的变化，工作时有时无。初一年级的寒假，枚叔带乐华去上海，正巧赶上了"一·二八"事变，日军把闸北炸成了焦土，乐华同父亲在枪声和探照灯下度过了战战兢兢的一夜，白天终于同许多"逃难"的人辗转进入租界，得以安全。

乐华写道："王先生叫我们写日记，不料我的第一册日记，就要以如此难过的文字开始。"的确，动荡不安的时局让文字显得难过，但同时也让文字真实而深刻。第一中学的《抗日周刊》上登载了乐华的《难中日记》："我们平常喊收回租界，现在又要躲到租界里来，我深深觉得矛盾。"平常坐在课桌前，你不可能有这样的感触。

这是乐华初次领略到社会这所讲堂的威力。它不用言语，直接就激发出人们最强烈的创作欲望。这不由让人联想到前几年，有一位来自湖北农村的务工人员，忽然写下了一句话："我的生命是一本不忍卒读的书，命运把我装订得极为拙劣。"于是这篇《我是范雨素》的纪实文学迅速火遍了整个互联网。范雨素没有上过几天学，她的创作完全从生活中来，从自己打工的经历中来。

后来，随着枚叔失业，乐华不得不从中学辍学。他想到自己未来也许就是一个靠在柜台边打包裹的小学徒了，不由滴下泪来。然而枚叔说，真要求学的人是不一定要进学校的。王先生也说"进学校求学只是中产以上阶级的事。缴得出学费的，学校才收"。

"进学校固然可以求得知识,但是离开了学校并不就无从学习。学习的主体是我们自己。学校内、学校外,只是场所不同罢了。我们自己要学习的话,无论在什么场所都行。假如我们自己不要学习,便是在最适宜的场所,也只能得到七折八扣的效果。所以,退学不是'失学';惟有自己不要学习才是真正的'失学'。"

乐华好似在弥漫周围的迷雾中间望见一条清明的路。他进了铁工厂,对着轮子的飞转、皮带的回旋、火焰的跳跃、铁声的叮当,不由回忆起之前读过的莎陀菲耶夫的《工场的歌》和加晋的《天国的工场》,他才真正懂得了社会这个大讲堂才是学习永不枯竭的场所。

两位先生没有预料到,在 2006 年的《中华人民共和国义务教育法》中第二条就规定:"实施义务教育,不收学费、杂费。"受教育已经不再是中产阶级以上的事了,但是两位先生不会看错的是,"一个青年不得不离开学校,就全社会看来并不是怎样重大的问题。重大的问题乃在大多数人的知识怎样提高,大多数人的生活怎样改进"。如今优于过去那个时代,就在于大多数人的生活改进了。

虽然贫富的差距依然存在,每个人面前的机遇不同,但是无论走在校园里还是社会上,都不要忘了学习是自己的事情,是终生的行为。

最后来说说，到底什么是文心？为文需要用到什么心思？大概是对世间万物的感悟心，对人间悲欢的同理心，对天下苍生的悲悯心，对理想情怀的执着心吧！

11

迦陵说诗里的故人往事
——叶嘉莹《叶嘉莹说汉魏六朝诗》

屈原说，我种了这么多的兰花和蕙草，还有留夷、揭车、杜衡、芳芷，我希望它们长得茂盛高大，到时候我就可以收获。假如它们都枯萎凋零了，那当然是很值得悲哀的事情，可是如果仅仅是我种的这些香草死了，而你们种的那些芳草还活着，我也不会如此悲伤的，现在我悲哀的，是所有的芳草都死了，这个世界已经失去了一切美好的东西！

——叶嘉莹《叶嘉莹说汉魏六朝诗》

你是哪根葱？让屈原告诉你！

我们中国人特别喜欢植物，也喜欢以植物比喻人，一句话不对付就会说"你算哪根葱?"

用动物比喻人往往不太好听,顶多有个孺子牛和勤劳的小蜜蜂算是比较约定俗成,说这人像狗一样忠诚?像老虎一样矫健?像乌鸦一样聪明?像猴子一样灵巧?总显得不太庄重。

植物就不一样了,由于植物和人的亲缘关系比较远,所以显得淡然,可庄可谐。美女是带刺的玫瑰,笨人是榆木疙瘩,坚贞不屈的是松柏,亭亭玉立的是白杨。

以植物喻人的祖师爷是端午节缅怀的主角——屈原老先生,他不仅用生命给我们创造了小长假,还开创了香草美人以喻君子的传统。

《诗经》中也随处可见植物,但那些都是真正的植物,"桃之夭夭,灼灼其华""蒹葭苍苍,白露为霜",都是写实的,草木本无情,说的是桃子那就不是李子。

屈原的诗歌则不同,年轻的时候,屈原徜徉在家乡湖北秭归的橘树林里,洁白的花散发出沁人心脾的清香,于是他写出了《橘颂》:"后皇嘉树,橘徕服兮。受命不迁,生南国兮",他把自己想成了一棵橘树,"别人(孔某孟某)都忙忙叨叨地东奔西走寻求高位去了,可是我哪儿都不去,我只守着生我养我的南国土地。"

后来在《离骚》中,屈原开了挂,如数家珍地提到了蕙、芷、秋兰、木兰、兰、椒、揭车、留夷、江离、若木、扶桑、萧、艾、蓁、茞、茅、薜荔、宿莽、申椒、菌桂、杜衡、荃、菊、芰荷、芙蓉、椴等各种植物。

他说："余既滋兰之九畹兮，又树蕙之百亩。畦留夷与揭车兮，杂杜衡与芳芷。冀枝叶之峻茂兮，愿俟时乎吾将刈。虽萎绝其亦何伤兮，哀众芳之芜秽。"

"我种了这么多的兰花和蕙草，还有留夷、揭车、杜衡、芳芷，我希望它们长得茂盛高大，到时候我就可以收获了，但如果它们都枯萎凋零了，那当然很悲哀，但是如果只有我的香草死了，你们的香草还活着，那也还不怎么悲伤，可是最悲哀的是所有的芳草都死了，世界失去了一切美好的东西！"

这里的香草是国家的人才了，屈老夫子，您说得太好了，为您点赞！可是我想问的是，您作为楚国的王公贵族，身居左徒之高位，后来被谗言疏远后整日愁绪满怀，竟然有时间偷偷从事了多年的园艺工作，认得这么多的花花草草？

据有人统计，屈原在所有诗歌中提到的植物有 300 多种，这就不能用自己养花种草来解释了，莫非屈原是个植物学家，借咏吟之名，在江边、在山里都在行科考之实？

从此我们的文化中有了梅兰竹菊和"岁寒三友"的高士情怀，有了代表母亲的"忘忧草"萱草；有了《爱莲说》中所说：菊，花之隐逸者也。牡丹，花之富贵者也。莲，花之君子者也。也有了《红楼梦》群芳开夜宴，每个女孩子都得了一支花签，暗含她们的命运，宝钗是艳冠群芳的牡丹，黛玉是风露清愁的芙蓉，湘云是香梦沉酣的海棠，等等。

屈原也有不喜欢的植物，他把这些植物叫作"恶草恶木"，像蒺藜、苍耳之类，粘在动物身上摆脱不掉，可不是吗，谁要是摊上这样的朋友，有的用刺扎你一下，有的用恶劣的气味熏得你头疼，有的表面无害，背后却搞些阴阴的行为让你过敏，不停地打喷嚏，那可是够闹心的。

所以诗人陆机说，"渴不饮盗泉水，热不息恶木阴"，这样做虽然显得古人很轴，但是也许是明智的，谁知道恶木能带来什么厄运呢？还是少招惹为好。

今天，我们都很少去考虑自己是根什么葱的问题了，但是那些品格行为的植物模式早已深入人心，现代社会可能香草少了，更多的是不好不坏的普通多肉，只是一旦发现一株香草，还是非常令人感动的。

香草有个特点，就是高贵、不肯苟活，一不留神就死给你看。屈原就义无反顾地跳江了，兰花离开了南方的山谷到了北方就不肯活，唯有爱惜之人才能养活它。多年前我从绍兴兰亭买了一棵兰草回家，回去后就扔给老父亲，是我老爸悉心照料，这么多年来，一直开花。而我作为香草的爱好者，每年买一盆茉莉花，每年都养死。

我的朋友大花比较聪明，她知道植物是人们古往今来永恒热爱的话题，写了一篇《自从把小孩当植物来养后，整个人都好多了》的文章，告诉大家，小孩子也像植物一样，种子很重要。文章收获点击数百万，可见，植物的形象还是有庞大的群众基础，获得了百万级的共鸣。

大花说得好，要放松心态，把小孩儿当植物来养；其实反过来也适用，对植物也要付出对小孩儿一样的爱心，才能让它绽放。

可是历史上竟然有一些大花，没法跟自己的小花们相聚，只能夜夜在梦中相见，她们真的是太惨了。

谁是历史上最悲惨的母亲？

历史上颇有一些红颜薄命的才女，但如果比拼一下谁的才气最高、命运最惨，那在这两方面都当之无愧第一人的应当是——蔡琰。

东汉末年，天下大乱。董卓趁机作乱，准备篡位。初进京时，董卓或许想着做些好事，又或许准备收买人心，于是起用了一班名士，著名的文学家、书法家、音乐家蔡邕就是其中一位。

董卓想从洛阳迁都长安。一来有函谷关之险可守，东方的兵不容易到。二来那是他的老地盘，董卓手下多为西凉羌兵。于是他逼着人民迁徙，一路烧杀掠夺。

天下豪杰曹操、孙坚等都起兵讨伐董卓，董卓被孙坚打败，退到长安后不久，就被王允、吕布合谋所杀。

董卓当然是个彻头彻尾的罪人，自他带兵入洛阳开始，天下局势大乱，董卓及部下是罪魁祸首。董卓已经永世不得翻身，但有文人之气的蔡邕想起了当年董卓对自己的器重，不由有所感叹。这一口叹气就让王允抓住了把柄，投入大牢，最终让蔡邕送了命。

蔡邕含冤而死，他女儿蔡琰的悲惨命运才刚刚开始。

蔡琰已经嫁过一次人了，丈夫是卫仲道，但很快就死去了，两人没有孩子，蔡琰就回了娘家。现在父亲死去，在"在家从父、嫁人从夫"的时代，蔡琰本已无父无夫，却又赶上天下大乱，被乱军掳走。

若是普通人家的女子，可能只是乱世的一颗灰尘。但她毕竟是才高八斗的蔡琰，她把这一切都用长诗《悲愤诗》记录了下来。

"汉季失权柄，董卓乱天常。志欲图篡弑，先害诸贤良。"开篇就是有魄力的大议论，然后她又写道，董卓焚烧洛阳后，逼迫朝廷西迁旧都长安。董卓部下带兵出函谷关东来，来势凶猛，盔甲在阳光下闪着金光。

平原地区的人软弱好欺，来犯的胡羌兵对付他们就像切菜砍瓜一样，所到之处百姓家破人亡。他们疯狂砍杀不留一人，男人都被杀掉，头颅挂在羌兵的马边上，女人都被掳走。

如果说杜甫的诗"不避丑拙"，写的是"诗史"，用"朱门酒肉臭，路有冻死骨"这样没有诗意的文字把丑陋的现实不加雕饰地描述出来，那么蔡琰在这方面就是杜甫的老师。"马边悬男头，马后载妇女"，这其中载的妇女就有蔡琰。她和其他被俘虏的人一起，受尽虐待，生不如死，看到亲人想说一句话，也会遭到打骂凌辱。她绝望地说"彼苍者何辜，乃遭此厄祸"，上天哪，我们犯了什么罪过，竟然遭遇到这样的灾难？

到了西北荒蛮之地，这里不分春夏呼呼刮着北风，人性粗俗不讲道德礼仪。或许是蔡琰气度与众不同，被献给了匈奴左贤王，后来有了两个孩子。说起来或许境况好一些了，但是当北风卷起衣裳，呼啦啦震入耳朵，她就越发思念父母故土。

十二年过去了，曹操已经平定了北方，想起逝去的老友蔡邕的女儿流落北方，非常伤感，想方设法打听到蔡琰的下落，并用重金赎回了她。可以解脱回去了，这是好事啊，可这意味着必须抛弃儿子、永远诀别。

"儿前抱我颈，问母欲何之。人言母当去，岂复有还时。阿母常仁恻，今何更不慈。我尚未成人，奈何不顾思。见此崩五内，恍惚生狂痴。"

儿子还很小，一点不懂事的样子，跑上前来抱住了她的脖子，"母亲啊，你要到哪里去？有人告诉我母亲你要离开，再也不回来了。母亲你一直最爱我们的，为什么不爱我们了？我们还是小孩子呢，你不管我们了吗？"见儿子这样地苦苦哀求，她真是五内俱崩，恍恍惚惚精神要疯掉。

一边是魂牵梦萦的故乡，另一边是心心相连的骨肉，分别后母子永远天各一方，蔡琰可以不回去吗？首先她可能没有选择的权利，其次这确是一个好机会，左贤王死后自己又不知道会归他的哪个儿子所有。一起被掳掠来的同伴们赶来相送，她们纷纷羡慕蔡琰的好运气。

终于还是离开了，边走边想着自己的儿子，心中撕裂一样的疼痛。然而，到家后另有惨绝人寰的景象在等待着她。

家人早已死绝，甚至没剩下一个表亲。城里城外一派荒芜，白骨累累横竖交错分不清谁是谁。出门不见人影，只有豺狼呜嚎哭叫。她孤零零对着自己的影子，只觉得魂魄出窍飞逝离去，奄奄一息寿命将尽。

在曹操的安排下，蔡琰再嫁年轻的屯田都尉董祀。一代才女蔡琰，常常害怕被新丈夫抛弃。自己已经三十多岁青春不再，且又是三婚还曾经有两个孩子，她的担心也不是没有理由，董祀在开始的时候确实不太喜欢她，直到有一天，董祀犯了死罪，蔡琰前去找曹操求情。

曹操正在宴请宾客，公卿、名士坐满了一屋子，听说蔡琰来了，曹操就对宾客们说："蔡伯喈的女儿在外头，今天让各位见见。"蔡琰进来，蓬头赤脚，叩头请罪，虽然容貌不整，但声音清亮从容，说话哀而不伤，大家都听得动容。曹操也被她感动，就追回判决的文书，原谅了董祀的罪过。

曹操又赐她头巾和鞋袜，并且问道："听说夫人家里藏书很多，还能记得起来吗？"蔡琰说："父亲留下的书籍四千余卷，现在全部失落了，我能记得背诵出来的，只有四百多卷了。"于是曹操命人跟随蔡琰记录，蔡琰将自己所记下的内容写下来送给曹操，字迹娟秀工整，完整不差，是宝贵的文献。

曹操是个好色之人，最喜欢人妻，却并没有对蔡琰有非分之想，不知道是什么原因。以后人八卦的眼光看来，似乎只有大英雄曹操才配得上饱受离乱之苦的女诗人蔡琰，两人的诗作都非常出色，曹操说，"我有嘉宾，鼓瑟吹笙"，却独缺了蔡琰异域风情的《胡笳十八拍》，造化就是这么弄人，他二人并无纠葛。

不想当女儿奴的爸爸不是好诗人

母亲蔡琰道尽了自己的凄惨身世，但是父亲们就不同了，只有指点江山的情怀才配出现在男人的诗句中。不过，也有诗人颇有天真烂漫的情趣，孔子说，"一言以蔽之，曰：思无邪。"家长里短也可以入诗。

据说有两个男孩儿的爸爸这辈子最大的遗憾是没有女儿，他们看见乖巧伶俐的小女孩儿，再看看身边皮猴子一样的儿子，就会心生羡慕，"要是有个女儿带着玩，心都该化了吧。"

有一儿一女的爸爸就彻底沦为女儿奴了，他们向世人展示什么叫作"不重生男重生女"：女儿捧在手心怕化了，要倍加呵护；儿子嘛，靠边站，活着就行。参见贝克汉姆的小七，没有下过地，永远长在爸爸和哥哥们的身上。

至于有两个女儿的爸爸，每天一睁眼看到叽叽喳喳的姐妹俩，叹口气，都是化不开的甜蜜负担。而且不光是现在，自古老父亲都是如此。

西晋时大诗人左思，曾经写过《三都赋》，因为写得太好，大家纷纷买纸笔抄写，一时间京城洛阳的纸都涨价了。

西晋诗风绮靡，但是左思硬生生地在这个"道德沦丧"的时代，用白话语言写出了有人情味的诗，原因就是家中的一双女儿暖化了他，让他带着老父的慈爱与自豪，给人炫耀了一下自己的两个女儿。

这首诗叫作《娇女诗》。他说，"我家里有个叫作纨素的小朋友，长得挺白净，还伶牙俐齿的。宽宽的额头大脑门，就用鬓发垂下来盖住额头。她的双耳白润，就像一对美玉。

"纨素天一亮就跑到妈妈的梳妆台前玩弄化妆品，抓起眉笔乱画，那眉毛画得，就像扫把扫过的一样。然后又开始涂口红，都涂到嘴唇外面来了，满嘴都是红彤彤的。她说起话来没完没了，明目张胆地跟你不讲道理。

"她大字不识几个，却总爱抓老父亲的笔乱写乱画，而且专挑最贵重的彤管笔，一挑一个准儿，你以为挑好笔是为了写好字吗？千万别有这个期望；她还喜欢拿起我最好的绢本书，如果懂一两句，她就骄傲得不得了，到处显摆。

"纨素有个姐姐叫惠芳，面目如画。姐姐到底是大几岁，不一样，知道化妆不能太浓，要恰到好处，她就常常坐在楼上窗口对着镜子化妆，把纺绩这件正事都给忘了！她又是画眉毛，又是在眉心点红点，画了又擦掉，擦了又画上。她还喜欢跳舞，有时候把长袖一甩，像鸟儿翅膀一样在空中飞舞；她也喜欢玩弄乐器，松松这根弦，紧紧那根弦，对于那些文史经书呢，草草看过一卷就丢到身后去了，有时候看见屏风上的画，刚看一眼就开始指指点点地评论。"

看来姐姐也不是啥庄重人儿啊，怪不得成不了蔡文姬。左思又说，"姐妹俩一起闹起来，就到园子里疯跑，把园子里半生不熟的果子都摘下来，她俩又摘果又摘花，连花托带花朵全扯下来。哪怕外面刮风下雨，她们也来来回回往园子里跑好多次，要是到了冬天，她们就出去玩雪，越不让去越要去。

"她们还喜欢玩做饭的游戏，一听外面来了卖零食的拨浪鼓声，拖着鞋子就往外冲。她们做饭时为了快点煮熟，就鼓着腮帮子吹火，把白袖子弄得油乎乎的，衣服也都熏黑了。弄得这么脏，怎么洗都洗不干净。

"这俩小孩子，长期被娇惯，说了也总不听。我没办法，就要动用家法了！她俩一眼瞥见我拿了棍子要打她们，两个人就都抹着眼泪躲到墙角去了。"

看到俩孩儿掩面向壁而泣，老父亲就怒气全消了，虚张声势的棍子也丢一旁了吧。

看看，文豪左思也有软肋，大才子一生炫酷踶，对齐王司马冏的召唤置之不理，却拿两个娇憨顽劣的女儿毫无办法。要不是爱她们太深，能有这么生动的文字吗？他也是有儿子的，诗文里哪见儿子们的影子？

左思之前，古诗歌里似乎没有人写这些儿女小事，在左思之后，诗人们发现不得了啊，这样的烟火气也可以入诗，于是纷纷效仿。陶渊明的《责子》，杜甫的《北征》都受了左思的影响。白居易在几个儿女夭折之后，为小女儿阿罗写下：

"吾雏字阿罗，阿罗才七龄。嗟吾不才子，怜尔无弟兄。抚养虽骄骏，性识颇聪明。学母画眉样，效吾咏诗声。"

等到后来阿罗生了女儿，白居易又抱着外孙女，激动地说，"怀中有可抱，何必是男儿？"

看起来古往今来，不管老爸们家业有多大，事业有多成功，却总归是铁汉柔情，只要有女儿，就跳不出女儿的"魔掌"了。

12

看见世上最好的单亲爸爸
——哈珀·李《杀死一只知更鸟》

> 勇敢是：当你还未开始就已知道自己会输，
> 可你依然要去做，而且无论如何都要把它坚持
> 到底。你很少能赢，但有时也会。
>
> ——哈珀·李《杀死一只知更鸟》

据说，有很多人，因为少年时期读过这本书，而选择了从事律师这个职业。可惜，我年少的时候没有读过这本书。但好在我的侄女今年进入法律系学习，于是我把这本书推荐给了她，也许还来得及能影响她的人生。

在一个孩子成长的过程中，什么是最重要的？也许我们能从这本《杀死一只知更鸟》获得一些启发。

时　代

这是一个关于成长的故事，可是还是要从其历史背景开始说起。

时间已经进入 20 世纪 30 年代，美国此时处于大萧条时期。南北战争已经过去很久，可是黑人的处境依然凄惨——虽然托马斯·杰斐逊说，"人人生而平等"——他们聚居在城镇的非主流地区，从事的工作只能是白人的仆人或者其他一些体力工作，白人根本不把他们当人看。

亚拉巴马州梅科姆镇的夏天，黄昏悠长而宁静。斯库特和大她四岁的哥哥杰姆以及小伙伴迪尔一起在室外疯跑，不用做暑假作业，不用上课外班，把所有精力和心思都花在各种探索和扮演的游戏上。拐角上那座房子里孤独的怪人拉德利先生为什么永远都不出来？他是不是一个可怕的怪人？孩子们想尽了各种办法，也没法探出究竟。

他们没有妈妈，只有爸爸阿迪克斯，以及被当作家庭成员的黑人女仆卡波妮，他俩给孩子们恰到好处的教导，不多也不少，不放纵也不苛责。

阿迪克斯是一名律师，每个律师可能都会遇到一个对自己深有影响的案子，阿迪克斯现在就遇到了这样一个案子——替一个被诬陷强奸的黑人汤姆辩护。压力来自两方面，首先他自己清楚地知道，黑人与白人打官司是不可能赢的，然后阿迪克斯自己则因为黑人辩护而被镇上的多数白人视为叛徒，他的安全甚至受到威胁。

通过阿迪克斯的努力，真相在法庭上大白于众人，然而他们还是输掉了官司，面对没有任何证据的指控，汤姆被宣布有罪。

如果我们了解一点南北战争的背景，会基本同意这样一个事实：这场战争与正义无关，与经济和利益有关。北方的资本主义需要原材料和自由劳动力，需要击破南方经济的核心——免费黑奴带来的成本优势。没有人在乎黑人的权益。

我也一直是这样理解的，但是当我读到书中阿迪克斯所做的一切，我忽然想通了一件事：并非完全没有人在乎，是需要有人在乎并采取行动，才能提高黑人的地位。

这样的人极少，他们明知道自己注定会输，依然义无反顾地去做。一个人很少能赢，但也总会有赢的时候。在书中，阿迪克斯输了官司，但是他一点都没赢吗？他赢得了陪审团的犹豫，本来五分钟的判决持续了几个小时，他唤起了人们对习以为常的旧秩序的反思，这是小小的一步，但一小步一小步走着，历史就能慢慢地走出去很远，时间的长河很长，流淌得很从容。

在法庭的抗辩中全书达到高潮，阿迪克斯的这段教科书般的总结陈词直击人心，我不得不在此原文引用：

"我们都知道，某些人灌输给我们的'人人生而平等'，实际上是个谬论——事实上，有些人就是比别人聪明睿智，有些人就是比别人享有更多的机会，因为他们生来如此，总而言之，有些人天生就比大多数普通人具有更高的天赋和才华。

"但是，从某种意义上来说，一切人生来都是平等的——有一种人类社会机构，可以让乞丐和洛克菲勒家族的成员平起平坐，让愚人和爱因斯坦不分尊卑，让粗陋无知的人和大学校长分庭抗礼。这种机构，就是法庭。在我们的法庭里，人人生而平等。

"我不是一个理想主义者，我并不坚信我们的法庭和我们的陪审制度完美无缺、公正无私，法庭不会比坐在我面前的任何一位陪审团成员更公正。法庭只能和它的陪审团一样完善，而陪审团只能和它的每一位成员一样完善。"

的确，法庭并不公正，法律也不公正，最高法院确立了种族隔离的政策，放眼望向梅科姆镇，那些由土地支撑着的中下层人民，大多数人都在懵懂麻木中度日，教育很原始，老师机械，学生顽劣。然而这样一个民众蒙昧的国度，是怎样一步步迈向先进的呢？带领无知的美国佬进步的，是制度的逐步完善。

其实哪个国家又不是如此呢？只有法制等各项制度完善起来，国家和民族才能强大起来。

父 亲

每个人，都像是一朵浪花在时代的大河中飞舞，沸沸扬扬，然而决定每个人命运走向的，却是大河的河床以及河水深处不动声色的暗流。

在一个人成长的过程中，这河床就是身处的社会环境。如果恰巧生逢一个包容的环境，社会容许她独立思考，是多么幸运。不公平是世界的常态，世界充满各种问题，总是存在那么多的不合理。

那些不动声色的暗流，是身后托起你的人，是从来不需要想起、永远也不能忘记的人。作为一个父亲，他给你展示正气和风度，教你保持精神的体面。

从这本书里，人们无比羡慕地得知什么是完美的父亲，什么是最好的父子关系以及最好的父女关系，虽然这都发生在一个单亲家庭。

阿迪克斯陪孩子们玩，不偏不倚地对待两个孩子，或者说包括自己在内，不偏不倚地对待他们三个人。他自己读什么书，就给孩子们读什么书，所以孩子们从小就懂得很多"限定继承法"之类的东西。他希望孩子成为什么样的人，必定自己先成为这样的人——"如果我不站出来，你觉得我还能面对自己的孩子吗？"

他释放孩子的天性，任由女儿穿背带裤，不在意女儿的装束举止不像个"淑女"。因学校教育的迂腐僵化，阿迪克斯告诉斯库特可以双方适当妥协——可以不全听老师的，但是必须去上学。

当斯库特问问题的时候，哪怕是问"什么是强奸"这样让人为难的问题，他也从来都是正经回答，不会顾左右而言他。女儿虽然小，在精神上也是一个与父亲平等的人。你内心认为她只配玩幼稚，她就会真的很无知；你只有平等待她，她才会用成长的惊喜来回报你。

另外，阿迪克斯也并不放任孩子。当遇到原则问题，必须及时干预时，他也果断出手。儿子杰姆听到隔壁的古怪老太太杜博斯骂自己的父亲，气得发了疯，打烂了老太太所有的山茶花。阿迪克斯严厉地要求儿子每天去给老太太读书作为赔礼，帮助老太太戒毒。

老太太仍旧在骂他"同情黑鬼的人"，然而这个杜博斯太太以强大的毅力戒掉了医用毒品，清清白白地离世，她是一个勇敢的人。

儿子再维护自己，也要尊重意见相左的人，只要她值得尊重。

爱人者，人恒爱之；敬人者，人恒敬之。就这样，阿迪克斯赢得了镇上人的尊重，当孩子们受到敌人的袭击，孤独的怪人拉德利先生终于露面解救了他们。

阿迪克斯是儿子的榜样、女儿的依靠。随着年龄的增长，杰姆越来越有乃父之风，斯库特越来越智慧坚强。

一个孩子，如果能有这样的父亲，该是多么幸福。很遗憾，在现实生活中，我从来没见过这样和谐完美的亲子关系——没有阿迪克斯，也没有《美丽人生》《当幸福来敲门》等一众电影中的好爸爸们。事实上，我怀疑是否真的存在这样的关系。

但是我们不能因为自己没见过而无视这样的美好，他们毕竟给我们提取出了打造好爸爸的关键元素——正义、担当、平等与尊重。

知更鸟

为什么是知更鸟？为什么是这样一个怪名字？

这是一个隐喻，"杀死一只知更鸟便是犯罪。""知更鸟只是哼唱美妙的音乐供人们欣赏，什么坏事也不做。它们不吃人家院子里种的花果蔬菜，也不在谷仓里筑巢做窝，只是为我们尽情地唱歌。"

那些纯良的人就是知更鸟，黑人汤姆就是一只知更鸟，然而人们杀死了他。怪人拉德利先生也是一只知更鸟，这一回，人们保护了他，使他免遭聚光灯的伤害。

在一个孩子成长的过程中，什么是最重要的？给他尊重与平等的意识，给他独立思考的能力，这样，当他面对纷繁的世事，才可能做出问心无愧的选择。

　　他会知道在充满邪恶与罪恶的世上，怎样去辨别知更鸟，怎样去对待知更鸟，怎样去保护知更鸟。

　　这本书曾获普利策奖，被翻译成 40 多种语言，在世界范围内售出超过 3000 万册。改编的同名电影，曾获第三十五届奥斯卡三项大奖。2003 年，美国电影学会评选百年电影银幕英雄，阿迪克斯摘得第一名。

　　我没有看过这部电影，但是当得知格里高利·派克扮演阿迪克斯·芬奇，顿时觉得一切都是最好的安排——没有比他更合适更绅士更完美的知更鸟形象了。

13

用 358 年的时间解一道数学题

——西蒙·辛格《费马大定理：一个困惑了世间智者 358 年的谜》

历史学家们曾争论过这场决斗是一个悲惨的爱情事件的结局还是出于政治动机，但无论是哪一种，一位世界上最杰出的数学家在他 20 岁时被杀死了，他研究数学才只有 5 年。

——西蒙·辛格《费马大定理：一个困惑了
世间智者 358 年的谜》

人活在世上，恋人也许会欺骗你，兄弟也许会背叛你，但数学不会，数学不会就是不会。

初二那年弯腰捡了根笔，从此我再也没有听懂过数学。

真的，人被逼急了什么都做得出来，除了数学题。

所有这些段子，都向我们说明同一件事——数学很难。

其实，讲段子的乐趣，永远也比不上数学带来的乐趣。可为什么人们总是在说数学很难？如果说有一半的人喜欢文学，另一半的人不爱文学，那么同样也有一半的人热爱数学，另一半的人畏惧数学。但是或许是喜欢写作、畏惧数学的那部分文人占据了话语权，导致数学这最优美的学科被渲染得这么可怕。

幸好，有一些理科作家会打破这种刻板的印象。1963 年，10 岁的男孩安德鲁·怀尔斯遇到了一本书，是埃里克·坦普尔·贝尔写的《大问题》（*The Last Problem*），它叙述了费马大定理的历史，但是没有解答，因为当时这还是一个悬而未决的难题，怀尔斯被吸引住了。

今天，怀尔斯已经解决了这个大问题，但如果一个 10 岁的孩子读到西蒙·辛格写的《费马大定理：一个困惑了世间智者358 年的谜》，可能同样会激起他对数学的热爱。这本书写得非常精彩，以费马大定理的解决为线索，引人入胜地讲述了数学发展的历程和数学家的故事，虽然只是一个局部，但是足以掀开数学的面纱，让人们一窥她的美丽容颜。

费马是 17 世纪的业余数学家，但是故事还是要从古希腊的毕达哥拉斯说起……

毕达哥拉斯生活在公元前 6 世纪的古希腊，他撰造了一个名词"哲学家"，什么是哲学家呢？他说，就是最优秀的一类人，献身于发现生活本身的意义和目的，设法揭示自然的奥秘。这类人就可称为哲学家。

接下来，哲学家毕达哥拉斯就揭示了自然的奥秘：凡物皆数。

你看，音乐的和声中蕴藏着数字的奥秘，行星轨道中也蕴含数字，数总会意外地出现在各种各样的自然现象中。当然，毕氏最重要的成就还是"毕达哥拉斯定理"，在中国，我们称为勾股定理，直角三角形两直角边的平方之和等于斜边的平方。

我国西周初期的数学家商高就在《周髀算经》中提到："勾三股四弦五"，比老毕早了500多年，可是毕竟商高只发现了一个例子，并未作出完整的证明，真正的证明需要等到三国时期的赵爽。

所以，毕达哥拉斯定理这顶美丽的数学华冠应戴在希腊人头上。

此处发一点感慨，古代文明例如埃及、巴比伦和中国都发现了很多实用的计算方法，可是唯有希腊人去探究隐藏在计算后面的逻辑，他们要去理解数字，而不仅仅是使用数字，为数学本身而探求数学真理，并不寻求应用。在这一点上，逻辑探究的精神就根植在他们的思维当中了，这正是科学发展的必备素质。

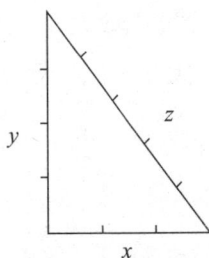

$x=3, y=4, z=5$

$x^2+y^2=z^2$

$9+16=25$

所有的直角三角形都符合毕达哥拉斯定理。

　　丢番图是希腊数学传统的最后一位卫士，著有《算术》13卷书。然而当欧洲进入黑暗的中世纪的时候，混乱中有7卷遗失了，另外6卷侥幸留存下来。一千年中，西方的数学处于停滞状态，只有少数的印度人和阿拉伯人将那些从亚历山大的余烬中捡取的知识汇总起来，发展并重新解释了它们。千年之后，6卷珍贵的丢番图《算术》终于又经阿拉伯人之手辗转回到了欧洲，并且最终出现在皮埃尔·德·费马的书桌上。

　　费马的主业是法官以及其他一些杂七杂八的司法事务，但他把所有的业余时间都用在了数学研究上。他对亲和数、概率论以及微积分等都有贡献，可以说他是当之无愧的业余数学家第一人。

　　当费马凝视着丢番图对毕达哥拉斯三元组的详细描述时，突然，才智迸发的一瞬间，他觉得自己发现了希腊人未曾发现的某些东西，费马想到了一个方程：

　　$x^n+y^n=z^n$，这里 n 代表3，4，5，……这个方程没有解存在。

　　在《算术》某一页的空白之处，他写道：

"不可能将一个立方数写成两个立方数之和；或者将一个4次幂写成两个4次幂之和；或者，总的来说，不可能将一个高于2次的幂写成两个同样次幂的和。"

然后，他又写了一个评注：

"我有一个对这个命题的十分美妙的证明，这里空白太小，写不下。"

费马从来不与人交流数学，研究数学似乎就是为了自娱自乐，一旦明白便不肯再继续写清楚，当他去世后，留下一堆声称都已经证明过的评注，数学界只好对这些评注一一证明，其他的都被解决了，就剩下这个被称为"费马大定理"的命题。

尝试挑战费马大定理的数学家就包括天才欧拉。欧拉被誉为能解决任何难题的人，一个似乎超越了科学领域的天才，甚至发表了关于上帝的本性和人的灵魂的模拟证明。

费马曾经在《算术》的另一处空白处用无穷递降法证明过 $n=4$ 的情形，其他科学家试图用类似的方法证明其他情形，但都失败了。欧拉通过引入虚数 i，成功地证明了 $n=3$ 的情形，一百多年来，这是第一次有人针对费马的挑战取得了进展。但是对于其余情形，就连天才的欧拉也败下阵来。

欧拉虽然并未成功，但是 $n=3$ 的情形特别有意义，因为3是质数。想要证明费马大定理对 n 的一切值适合，仅仅需要证明它对 n 的所有质数值适合就可以了，所有其他的情形只不过是质数情形的倍数，比如 $x^6=(x^2)^3$。所需要证明的情形一下子大大缩减。

然而，欧几里得老爷爷用一个简洁的证明告诉我们：质数依然是无穷的。如果这样一个一个质数证明下去，依然是没有办法证明完的啊！

自古巾帼不让须眉，一位女英雄横空出世，她就是索菲·热尔曼，她受到自己的老师、数学家拉格朗日的鼓励，对费马大定理做出的贡献比之前的任何男性都更为杰出，她的成果令最杰出的数学家高斯震惊，使其改变了对费马大定理不屑的态度。她的思想是对质数继续进行分类，对于叫作"热尔曼质数"的这类质数，存在解的话就需要对 x、y、z 有特殊的要求。根据她的这种思想，先后有三位数学家证明了 $n=5$ 以及 $n=7$ 的情况，他们的成功要归功于索菲·热尔曼。

接下来是两位数学家加布里尔·拉梅（他早些年曾证明了 $n=7$ 的情形）和奥古斯丁·路易斯·柯西的竞争，两人急于完成证明，但最终德国数学家库默尔仅从透露出来的少数细节就发现了两位法国科学家正在走向同一条逻辑的死胡同，事实也正是如此。

就在这样令人绝望的情形下，时间进入了 20 世纪。计算机也参与进来，野蛮的力迫法证明直到 400 万为止的 n 的一切值都是对的。然而有什么用呢，计算机永远不能证明完直到无穷的每一个 n 的值，因而人们永远不能宣称证明了整个定理。

平常我还常常为自己能熟练操纵软件进行计算而沾沾自喜，认为那齐刷刷显示出来的结果是数学的美丽与优雅，原来那不是数学。

本书的主人公怀尔斯登上了历史的舞台，现在他是普林斯顿的数学教授。注意，此处开始进入抽象的现代数学，已经不可能再通过几句话来描述清楚各位数学家所做的工作了。

"二战"后，日本人谷山丰和志村五郎在做"模形式"方面的研究，模形式的表达需要用两根轴来表示，每根轴都有实部和虚部，所以模形式相当于存在于四维空间中。描述模形式是如何构造的信息可称为"M- 序列"，如同模形式的 DNA。

在数学的另一个领域，也就是怀尔斯研究的方向椭圆曲线，也有一些类似 DNA 的东西，就是椭圆曲线在不同的时钟算术中的解的个数，可称为"E- 序列"。

谷山丰看到一个模形式的 M- 序列与一个熟知的椭圆方程的 E- 序列中列出的数是完全相同的，他计算了这两个序列中更多的项，结果模形式的 M- 序列依然与椭圆方程的 E- 序列完全一致。于是提出猜想，M- 序列完美地对应着某个 E- 序列，每个椭圆方程伴随着一个模形式。这就是谷山－志村猜想。

跑题了吧？这跟费马大定理有什么关系？然而数学就是这样奇妙：数学家格哈德·弗赖（Gerhard Frey）发现，费马方程 $x^n+y^n=z^n$ 可以通过变形转变为一个奇怪的、不能模形式化的椭圆方程，他将费马大定理和谷山－志村猜想联系了起来。

请记住费马大定理是说 $x^n + y^n = z^n$ 没有解，只有当费马大定理不成立（方程有解时）才存在这样一个椭圆方程！所以，如果谷山－志村猜想说椭圆方程可以模形式化是对的，而弗赖的这个椭圆方程不能模形式化，那么这个所谓的椭圆方程就不存在，那么费马方程就不能有解，费马大定理是对的！

谷山－志村猜想就等价于费马大定理！

怀尔斯决心证明谷山－志村猜想。他用了一年的时间，决定采用归纳法来证明。经过三年的努力，他应用 19 世纪天才悲剧数学家伽罗瓦的"群论"思想，实现了第一步，证明了每一个 E–序列的第一个元素确实可以和一个 M– 序列的第一个元素配对。

归纳法需要两个步骤：第一步，对于第一种情况成立；第二步，如果上一种情况成立，那么接下来的一种也成立。现在只需要证明第二步了，可是仿佛置身黑暗中的彷徨，看不到出路。每当走投无路时，怀尔斯就到数学家们中间获得灵感。开始这项工作第七年的时候，1993 年，怀尔斯完成了谷山－志村猜想的证明，也就是证明了心怀 30 年梦想的费马大定理。

然而审稿过程中发现了一个大的缺陷，怀尔斯又花了一年的时间研究却毫无进展，就在他准备承认失败的时候，终于找到了方法，完满地毫无缺陷地打上了补丁，一切无懈可击了。

费马大定理解决了，怀尔斯所用方法是现代数学，证明一共用了 130 页。费马是不可能这样解决的，他是用的什么方法呢？数学家的看法分为两个阵营，怀疑论者认为费马的证明可能有缺陷，乐观主义者认为费马有其他巧妙的方法。在此我绝对支持怀疑论者：费马并没有能够完美地证明。我的理由是，300 多年来无数优秀的数学家都没有证明，尤其是大神欧拉都没能证明。

数学家莱昂哈德·欧拉

读完了上面的概要，你会发现科学发展的历程是多么艰辛，这个问题的解决先后经历了：

毕达哥拉斯提出最初的定理——欧几里得使用并推广了反证法——费马提出费马大猜想并证明了 $n=4$ 的情况——欧拉证明了 $n=3$ 的情况——热尔曼提出热尔曼质数的证明思路——伽罗瓦群论——谷山－志村猜想——弗赖建立谷山－志村猜想与费马大定理的联系，并由同事证明——怀尔斯花了 8 年时间证明谷山－志村猜想，中间获得许多同事的帮助。

这其中还有很多数学家做了努力并未取得太多的成果，其中就包括大名鼎鼎的柯西（他弄丢了伽罗瓦的论文），可见科学每一步小小的进展，都是人类智慧的传递与接力。

但我们读到这本书，却省去了这其中的艰辛，一日穿梭三百年，如此酣畅，沉浸其中欲罢不能，满脑子椭圆方程模形式，这到底是数学的魅力还是作者的能力呢？应该两者都有吧！数学之美自不必说，作者的文字中既有清晰的逻辑，又充满人文关怀。数学史上的悲剧、女性的悲惨遭遇、宅男自杀时的绝望，天才少年黎明时的决斗都恰当地穿插在探寻真理的主线中。

最后作者体贴地告诉我们，不用担心，费马大定理虽然解决了，但是还有其他问题等待解决，不会让数学爱好者们失落，比如哥德巴赫猜想、开普勒球体填装问题，等等。

但是，年轻人准备好面对这些问题了吗？一件值得我们骄傲的事情是，哥德巴赫猜想的最新进展是由中国数学家陈景润取得的。现在老先生已经作古，江山代有才人出，后浪准备好汹涌澎湃地推进了吗？

数学是给聪明人设计的游戏，可是研究数学光有聪明是不够的，还要有兴趣和热爱。前几天在网上看到一位数学院士的吐槽，说自己的博士生特别优秀，却铁了心不做科研，要去中学当数学老师。这位博士生也现身说了自己的理由：觉得自己没能力，不适合搞科研。可是老师的眼里完全不是如此，老师说，金字塔是一块一块石头垒成的，"不积跬步，无以至千里；不积小流，无以成江海"，真正有价值的工作是不可能一蹴而就的。希望一夜就解决世界难题，这是不现实的。

这件事孰是孰非并不重要，老师的说法无疑是对的，费马大定理的解决过程说明了这一点：一项工作，也许要历经358年才能完成。

但我也非常支持这位博士生去从事教育工作，他自己虽然对科研没有兴趣，但他可以启迪更多的中学生萌发热爱数学的种子。曾经有朋友推荐我看B站的一个视频《线性代数的本质》，看后我立刻意识到自己之前的线性代数白学了，这个视频的上传人格兰特·桑德森（Grant Sanderson）毕业于斯坦福大学数学系，曾经在可汗学院教授数学，他热爱数学，深知最快乐的事并不是为了写出一道证明题的解，而是能够自己摸索并最终发现真理的过程。他坚信能迫使加深理解的最好方法，是尝试把知识点解释给别人，所以才有了超棒的动画教学视频。可见想要培养更多的数学人才，需要更好的教育者，用更本质的逻辑给学生讲解数学。

同样的例子还有本书的作者西蒙·辛格，他是何方神圣？他曾在伦敦帝国学院学习物理，并在剑桥大学获得粒子物理学博士学位，写书时在英国BBC电视台做记者。用这样的方式播撒科学的种子，与科研一样有意义。

数学是一门实用的学科，在生活中无处不在，前段时间，当疫情最为严重的时候，许多朋友在用自己的模型来判断疫情的拐点，他们用到了各种指标来说明自己的观点，比如，日感染人数曲线下降了，说明拐点到了；但如果还没下降，那么确诊人数的导数——确诊增长率开始下降，说明拐点到了；如果还没有，那么确诊人数的二阶导数——增长率的增速开始下降，说明拐点到了。无论如何，你总可以找到支持自己观点的数字，但究竟事实如何？还要给数字以合适的位置和场合才能获得准确的信息。

然而，数学又永远超越实用主义。据说欧几里得在讲课过程中，有个学生提问数学有什么用处，当讲课一结束，欧几里得就转身向助理说："给这个孩子一个硬币，因为他想在学习中获得实利。"然后这个学生就被驱逐了。的确，数学家们多数都是只为数学的魅力所吸引，为解决问题时的乐趣而入迷，然而就是这些心无旁骛的钻研，却在客观上发展了这门学科。

所以，抛弃功利心，投入数学的怀抱中来，从开启一本好的数学读物开始吧。

在这个时代，关注八卦让你虚度光阴，人际琐事让你心烦意乱，只有数学会净化你的头脑，数学非常纯粹，会就是会。

14

我的时间和你的时间不一样
——史蒂芬·霍金《时间简史》

> 至少存在三个时间箭头，将过去和将来区分开来。它们是热力学箭头，这就是无序度增加的时间方向；心理学箭头，即是在这个时间方向上，我们能记住过去而不是将来；还有宇宙学箭头，也即宇宙膨胀的方向而不是收缩的方向。
>
> ——史蒂芬·霍金《时间简史》

2019年4月10日，天文学家召开全球新闻发布会，发布了由事件视界望远镜（Event Horizon Telescope）拍摄的距离地球5500万光年的M87黑洞的照片。朋友圈和自媒体一片欢腾，有说爱因斯坦太伟大了，有说看起来很好吃的，有说蜂窝煤的炉火正旺的……大家都兴致高昂，指点江山，谁让咱们都是心向星空，关心宇宙的人呢？

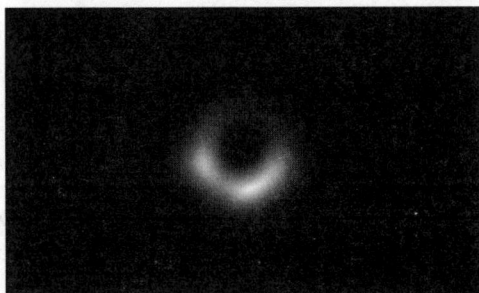

科学发展到今天，许多问题都不成问题，唯独有两大关键问题人类始终无法弄清：宇宙和生命。这一点上今天的我们和远古时期的人们并没有什么区别，人们忍不住夜夜仰问苍天和繁星：我是谁？我从哪里来？

于是，天文学成为最早的一门科学。本以为这最早的学科应该是最成熟的了吧？可惜并非如此，宇宙以它的浩渺和深邃让人类始终不能探究其真容。

黑洞照片的发布，也让人又想起在上一年刚刚去世的史蒂芬·霍金，他在《时间简史》一书中有对黑洞的介绍，被后来的众多科普文章引用。这并不是一本易懂的书，却成为畅销书，再次说明了人们对于自身和宇宙的好奇心和求知欲有多么强烈。

历史上无数次的经验和事实告诉我们：耳听为虚，眼见也不为实，那些反直觉的理论往往笑到了最后，所以如果要读《时间简史》这本书，一定要拿出不信常识只信邪的态度。在这本书里，最让我感到神奇和迷恋的不是黑洞，而是时间。

第一个反常识的结论，就是时间是可变的，这是相对论的基本原则，洞中方一日，世上已千年。在著名的"双生子佯谬"中，哥哥在宇宙飞船中仅几个小时，弟弟在地面就成了老人，只因高速运转中时间会变慢。《西游记》中说"天上一日，地上一年"，想必天宫如同空间站一样在做高速的运转，这不是神话，这是确定无疑的事实。

在极端的情况下，比如宇航员在黑洞的视界落向黑洞的中心，每隔一分钟发出一个信号给他的同伴。黑洞时空的扭曲是如此之大，时间会越来越慢，慢到他发出的每一分钟都需要地球上的同伴用一生来静静仰望和等待。

问题来了，你愿意面对飞快的时间还是变慢的时间？小时候我总梦想着去宇宙中旅行，回来后地球已经过去了几百年，而自己只是老了几岁而已，好像自己凭空多出来几百年的时间。现在我早已抛弃了这种想法，和爱的人在一起，历经大千世界的精彩，才是最好的时间，无论快慢。

时间是一个个人的概念，没有唯一的绝对时间，你的时间和我的时间不同，物理学的时间因位置和运动而不同，心理学的时间也因人而异，蜉蝣朝生暮死，蜉蝣觉得它的生命短暂吗？也许它并不觉得比我们更短暂。

书中有句很平常的话不经意间打动了我："我开始思考黑洞的问题，我的残废使得这个过程相当缓慢，这样我有大量的时间。"霍金坐在轮椅上，无法动弹，然而他脑回路中的粒子在做高速运转，他的时间是不是比平常人长了很多？

所以个人化的时间不仅在物理学上成立，从心理学的意义上来说，让我们的头脑保持运动，也许会让我们的时间变缓。

第二个有趣的问题是：时间旅行。这是一个在无数科幻作品中被使用滥了的题材，到底有没有可能？霍金介绍了两种时间旅行的方式，一是超光速，二是通过时空卷起形成的虫洞。

现在是地球纪年 2019 年，今天会有一场 100 米跑决赛。在距离我们 4 光年之遥的比邻星 b 上，将会在地球纪年 2020 年有一场魁地奇球比赛，请问，是百米大战先发生还是魁地奇球比赛先发生？

答案取决于观察者的位置和速度。在地球上看无疑是百米赛在先，然而如果是有"幻影移形"本领的哈利·波特，能够超光速旅行，他就可能看到魁地奇球比赛在先。

哈利在比邻星 b 上，刚看完了这场魁地奇球比赛，他看向我们可爱的地球家园，4 年前的光刚刚到达，他看到霍金老先生还在世，博尔特还没有退役，2016 年的里约奥运会正在如火如荼地进行。哈利瞬间移形回到地球，这时候，离 2019 年的百米大战开始还有三年。

就这样，哈利已经在时间中做了向后旅行，也就是穿越。可惜的是，根据爱因斯坦的质能方程，我们永远也无法达到光速。所以，想要穿越，只能用第二种方案——虫洞了。

一张纸上有 AB 两点，连线可能很长，然而把纸卷成纸筒，从纸筒中间的空间连接 AB 就会短了很多。同样道理，当四维时空（三维空间＋时间）被卷曲起来，原本遥远的 AB 两点之间有一条类似细管的高维近路，抄近路过去就是虫洞了。

时空卷曲是最反常识反直觉的事实，考验着我们的想象力，也给无数的科幻电影提供了尽可能多的发挥空间。然而到底是谁，会给我们卷起时空铺设一条近路呢？电影《星际穿越》中告诉我们，是未来的我们自己 THEY。面对这个说法，我只能说，可能这不仅仅是虫洞，更是脑洞。

除了这两个关于时间的有趣问题，还有一个始终没有答案的问题有待解决：时间到底是一直都存在，还是从某个时刻开始？大爆炸理论认为是从奇点开始的，奇点之前没有时间也没有空间。霍金为了数学上的圆满以及避免上帝的出现，创造出"虚时间"的概念，恕我理解无力，也不能信服。然而，不承认他就又必须面对那个老问题：到底是谁引爆了这个宇宙？

据说哲学是科学之母，当一个学科成熟，便会脱离母体自立门户。物理学和天文学都早已脱离哲学，然而在宇宙的起源问题上，似乎母子们还在做着各自的努力去阐释，也许有一天终将殊途同归。

虽然在宇宙的尺度上人是这么微不足道，甚至有人说，我们活在一个虚拟世界中，然而"虚拟人"爱因斯坦竟然能够获悉造物主的意图，活生生的黑洞煤炉宣告了相对论的正确，这是造物主开的后门吗？只要人类还在生生不息，就永远在追问和探索，直到程序被关闭，GAME OVER。

关于时空的理论给了我无尽的遐想和更多的释然，每当我为某件事情感到遗憾，我就会想，也许在某个遥远的平行宇宙，在那里事情会和现在不同，那里的我会更圆满，只是我没有赶上那个版本罢了。

15

穿过小径分岔的花园，到达环形废墟

——豪尔赫·路易斯·博尔赫斯《小径分岔的
花园》

他想起世上万物唯有火知道他的儿子是个
幻影。这件事起初给了他安慰，后来却让他烦
恼不已。他担心儿子想到那个异乎寻常的特点，
发现自己只是一个幻影。不是人，而是另一个
人的梦的投影，那该有多么沮丧，多么困惑！

——豪尔赫·路易斯·博尔赫斯《小径
分岔的花园》

谁是与书最有缘分的人？谁是读书最多的人？

如果非要指出有这样一个人，我想应当首推阿根廷作家豪
尔赫·路易斯·博尔赫斯。他另一个重要的身份是阿根廷国立

图书馆馆长。所以，你可能听说过他那句名言——"如果有天堂，天堂应该是图书馆的模样。"他的生命与书紧紧相连。

博尔赫斯的作品中包含了神秘主义、自然科学、哲学思考和文学批评，我只读过他的几本小说，《小径分岔的花园》是其中的一本，它收录了七篇短篇小说，包括一篇同名小说。从这薄薄的书页当中透露出来的文字气质，告诉我们它背后是一个渊博而孤独的大脑。

普通人生活在二维的地面上，这位馆长生活在立体的通天塔图书馆里——渊博而智慧的人多是离群的，俯瞰久了，高处不胜寒，他不得不自己重新构建了一个宇宙，顺便说，通天塔图书馆也是这个宇宙的一部分。

就像匈牙利数学家鲍耶·雅诺什发现非欧几何时说："从虚无中，我创造出了一个奇异的新宇宙。"同样地，博尔赫斯不是用几何，而是用文字创造了一个新宇宙，由于这个宇宙和我们的经验有些不同，所以作为一个读者，我们可能要稍稍用点脑力，才能跟上他的设定。当你看他在像煞有介事地评论一个并不存在的作家的并不存在的作品，其实在他的宇宙中必定是真实的，与我们的世界，也只隔了一层文字的面纱而已。

爱思考的人都会被"时间"这个概念迷住，博尔赫斯的宇宙中，不可避免地出现对时空的迷恋。"一战"索姆河战役期间，十三个英国炮师原定于 1916 年 7 月 24 日发动对塞尔—蒙托邦防线的进攻，后来推迟到 29 日上午。这 5 天的延迟，在军事上自有解释，然而在博尔赫斯这里，时空的旋钮轻轻一转，故事就发生了改变。

青岛大学前英语教师余准博士是为德军服务的间谍，他掌握了英军炮队所在地的名字，在已经暴露的情况下，怎样把情报传递给头头？他选择了一个铤而走险的计划。余准来到斯蒂芬·艾伯特博士家里，仿佛毫不意外地，这里是小径分岔的花园。"一个错综复杂、生生不息的迷宫，包罗过去和将来，在某种意义上甚至牵涉到别的星球。"

花园的创造者是余准的曾祖、云南省总督彭㝉（话说在阿根廷这个距离中国最遥远的国家，竟然存在这样一位对中国文化着迷的哲人，以中国文化为背景创作，真是意外的惊喜）。彭㝉花了13年写一本书，也建造了一座迷宫，就是小径分岔的花园，两者是一回事。这本书的特点就是写尽一切的可能性，但是怎样才能做到列举无数种可能呢？只有一种方法，就是结尾和开始相同，每读到结尾，便重新开始。

这个脑洞让人联想到霍金的虚时间之球，我们都不知道时间有无起点与终点，可是假如时间是一个球面，那么无论它怎样延伸，最终又都会回到起点。果然，科学作为哲学之子，或许还需要哲学母亲为它指点道路，毕竟科学最初的起源很可能来自人类思维的电光石火。

彭㝉在书的手稿中写道："我将小径分岔的花园留诸若干后世（并非所有后世）。"为什么强调并非所有后世？因为时间永远分岔，通向无数的将来。无数背离的、汇合的、平行的时间织成一张不断增长、错综复杂的网，网络包含了所有的可能性。

所以这是一个平行时空的故事，虽然这在现在看来毫不出奇，这种题材的电影拍得炫酷炸天，例如《盗梦空间》《源代码》等，但是请记住博尔赫斯这部小说写于 1944 年，平行时空作为一种科学假想正式提出，也是在 20 世纪 50 年代了。这个假说如此让人着迷，个人的想象空间因它而得到满足，现世的美满都因身处当前时空而倍感幸运，而所有的缺憾都可以畅想在另一个平行时空已经得到补足。

最后，余准完成任务旋即被逮捕，并很快被处以绞刑。但是或许在另外一个分岔的时间里，他并没有完成任务；在另一个分岔的时间里，他没有被处死。潮湿的花园里充斥着无数看不见的人。那些人是隐蔽在时间的其他维度之中的余准，忙忙碌碌，形形色色。

至于作者博尔赫斯，我觉得他不仅能够感觉到，甚至能够看见这些另外的维度，因为他是一个盲人。或许他看不见这世间的一切，就是为了看见其他或许存在、或许不存在的世界。

哲学家们永远都在思考存在的问题。维特根斯坦说："令人惊讶的不是世界怎样存在，而是世界竟然存在。"

这个世界是真实存在的吗？笛卡儿的《沉思者》说："没

有任何可靠的迹象，使人能够将清醒与睡梦加以区别。"

　　"外部世界是否存在"是个经典的怀疑论问题。据说有一次某高校的考试题是这样的："如果有人跟你说，你现在不是在教室里参加考试，而是在睡梦中梦见自己正在考试，你可以从哪些方面证明他是错的？试论证。"

　　《环形废墟》就是关于世界的真实性的故事。谁也不知道魔法师来自哪里，只知道他从水中上岸。他在梦中讲授解剖学、宇宙结构学、魔法，环形阶梯上坐满了学生，学生们只要考试及格，就可以摆脱虚有其表的状况，跻身真实的世界。

　　但是学生们还没接过老师的衣钵，这个梦就消失了，魔法师气得老泪纵横，但他并不气馁，他要亲自创造一个少年，用自己的梦。这是多么艰巨的任务，比用沙子编绳或者用风铸钱要更艰难，但是魔法师做到了。少年来到了真实世界，他唯一与众人不同的地方就是不怕火。

　　作者的小心思在这里暴露了：一定是两千多年前的赫拉克利特给了他火的灵感。赫拉克利特说，万物的本原是火，宇宙是永恒的活火。他还说，"人不能两次踏进同一条河流。"魔法师也总是被一片若有若无的水域所包围。

　　魔法师怕少年知道自己是别人梦境中的幻影，他时时刻刻担心，甚至为此要蹈火解脱，但是出其不意的、令人叫绝的结尾告诉我们，或许每个人都不知道自己是谁梦中的幻影。

有人说这个故事体现作者的虚无主义思想，我并不这样认为，毕竟有一个生生不息的"火"可以鉴定真实与虚无，就像电影《盗梦空间》里的那只陀螺。在博尔赫斯另一部书《沙之书》里面，年老的博尔赫斯和年轻的博尔赫斯相遇了，这到底是真实的场景还是两个人在梦中相遇呢？他又给出了另一个梦境图腾：雨果的诗句。

因为年轻的博尔赫斯没有读过这句诗，而梦境是不会超过一个人的认知水平的——正如所有的上帝都是人形，非洲部落的上帝是黑人——所以当年老的博尔赫斯念出了"星球鳞片闪闪的躯体形成蜿蜒的宇宙之蛇"这句诗时，年轻的博尔赫斯就知道自己不是在做梦了。

回到那道大学考题，我证明自己不是在做梦，只要让别人告诉我一些我不知道的事情就好了，读我没读过的书给我听，念尚未下发的试卷内容，当他准确无误地读给我听，我就知道这是真实的。别问我为什么这样聪明，是博尔赫斯这位渊博的老人传授给我的方法，不知道能不能让笛卡儿满意呢？

就这样，穿越时空的花园，穿越存在的虚幻，跟随智者博尔赫斯做一次脑力激荡吧，在《小径分岔的花园》这本书里面，另外五篇小说，故事性弱一些，也更值得好好坐下，挑战一下自己抽象思维的能力。

说起来，博尔赫斯并不是最有天分的作家，或许是因为他读的书太多太多了，掩盖了自己的本来面貌。相比之下，卡夫卡那些不加修饰的文字更有天才的感觉。但是博尔赫斯的迷人之处也正在于他的学究气，时时刻刻考验着读者的智力。总之，读博尔赫斯，会让读者显得有品位，很高端，但是有品位不是我们的读书目的，与智慧的头脑交流并获得惊奇与愉悦，才是读博尔赫斯的意义。

16

孤独像梦一样真实

——弗兰茨·卡夫卡《变形记》

他满怀感动和爱意地回想着家人。他认为
自己应该消失，这想法很可能比妹妹还坚决。
他处在这种茫然而平静的沉思之中，直到钟楼
的钟敲响三下。窗外破晓的天色他还依稀看到
了一点，接着他的头就不知不觉地垂了下去，
他的鼻孔无力地呼出最后一口气。

——弗兰茨·卡夫卡《变形记》

没有读过卡夫卡的人是没法自称文艺青年的。作为一名理
科生，年轻时我对"文艺青年"的称呼非常排斥与鄙视，然而
如今才重新发现了卡夫卡独特的魅力，世界上那么多作家，只
有卡夫卡能写出那样清晰、荒谬而又真实的梦境——看来我终

于成长为一枚文艺中年。

梦　境

我们爱读小说，很大程度上是因为故事生动曲折，那些科幻、侦破、爱情什么的，总是吸引着我们不停地读下去。然而，读卡夫卡，就别想有这样的体验了，你几乎会读得睡着，不存在什么故事性，都是在讲述一种孤独与困惑的情绪。比如《变形记》，说的就是推销员格里高尔一觉醒来，发现自己变成了一只甲虫，一步步地遭到家人的嫌弃，最终悲惨至死的故事。

但奇怪的是，这个变化并没有使推销员慌乱，这仿佛是一个寻常的意外，不值得大惊小怪，他的心里想的一直是怎么跟老板解释自己迟到了。

在此之前，格里高尔一直都辛苦地工作养活父母和妹妹，他习惯于赚了钱就交给家人，使他们住在舒适的房子里，享受安逸的生活。现在他变形了，他依然在担心着家人的生活。可是他的家人是怎样对待他的呢？从惊慌，到嫌弃，到憎恨，他在受尽了家人的粗暴与嫌弃之后死去，死的时候后背上还卡着腐烂的苹果，那是父亲在一次生气时用苹果砸了他，之后一直留在那里的。他死了，家人终于舒出了一口气，生活翻篇，新的希望又开始遥遥招手。

卡夫卡构筑的是梦一样的现实。梦一般是荒诞的，但荒诞主要是因为醒来之后仅留下不连贯的片段回忆，但在梦中我们从来不会感受到它的荒诞，身处其中的我们永远都觉得那些情节是合理的。

在阅读的期间，我一直都在期待着格里高尔能重新变回人，或者说，等待梦醒的时候。以前在聊斋里读过《促织》，成名的儿子变成了蟋蟀，完成了拯救老爸的使命之后，才悠悠然睁开眼重返人间，故事跌宕起伏，读来荡气回肠。

然而卡夫卡终究没有那么乐观，他始终没有让我们等来最终的梦醒时分，而是模糊了现实和梦境。他反反复复地述说格里高尔变形后的每一个生活细节，那些细节非常合情合理，既不显得荒诞，也丝毫波澜不惊。普通人对待一个累赘就是那样的态度，不管他过去曾经给我们带来过什么。

弗洛伊德说，潜意识如冰山一样，大部分沉没在黑暗之中。在欢乐的白天，意识完全压倒潜意识，使得潜意识只能偷偷出来活动一下；而在夜晚的梦境里，是潜意识的广阔天地。这个时候，潜意识大有可为：门捷列夫在寻找元素周期表的排列规律时，遇到了瓶颈，正是梦中的潜意识帮助他解决了关键问题。《红楼梦》中香菱学诗，白天痴痴地反复琢磨，最终却在梦中得到一首精华，可见，梦境是真实现实的延续。

格里高尔入职五年来，从未生过病，但在他自己意识的最深层，自己也不知道的内心深处，他何尝不想用一种最奇特的方式，让自己获得片刻的自由？他还记得当自己拿回第一次的薪水时，家人们全都惊喜交加，但这样的快乐其后再也没有出现过，在他的潜意识里，他何尝不想重新找回往日的欢欣与骄傲，重新获得家人的温情与尊重？

卡夫卡就是这样敏锐地捕捉到了人的潜意识，并且具象化了。在他的笔下，梦境仿佛是一台跳脱运转的仪器，他冷静地拆开这个仪器，一个部件一个部件地展示给你看。看着看着我们开始昏昏欲睡，因为这样的课程虽准确但乏味，这位教授一点也不想去取悦听众，他绝不用俏皮话活跃一下气氛，也不会遇到重点就等等你，以致稍不留神打个盹儿的工夫就错过了一段，不知道他展示到哪里了。

孤　　独

孟子说："读其书，不知其人，可乎？是以论其世也。"

读中国作品需要先了解作者的生平，而西方作品则不同，似乎本身可以脱离作者而独立。但是对卡夫卡来说却是万万不可以。读卡夫卡，就非得联系作者，因为他的个人特色太明显了，他的生平与经历透露出他写作的秘密。

对卡夫卡的人生影响最大的，恐怕就是他的父亲了。

卡夫卡的父亲是个暴君，卡夫卡从小受到父亲打压式的教育，稍有不慎就会遭到呵斥、责骂、讽刺，这样的成长环境造成了他内敛卑微的性格，以及伴随他终生的悲观主义。他自己的人生也无法做主，虽然他在文学上很有天赋，可是还是服从了父亲的意志学了法律。法学博士毕业的他，职业为保险业职员。

36 岁时，已经是生命的末期了，他给父亲写了一封长信，在书中"控诉"了父亲对他的折磨，这封长信实际上是一篇关于社会学、伦理学、儿童心理学、教育学和文学的政论文。这时的他仍然不敢面对父亲，托母亲转交，但是母亲阅读后唯恐得罪父亲，退还给了他——他们依然没能突破那个习惯的怪圈。

卡夫卡只活了 41 岁，虽然曾三次订婚，但一生未婚。显然他取消婚约和他的父亲是有关系的——他对于婚姻的看法也已经变形。他最先想到的，是结婚可以摆脱父亲，成为与父亲平等的人，但这诱惑终于被对婚姻和儿女的恐惧所抵消。他认为，结婚成家，生儿育女，在这个动荡不安的世界上抚育儿女，甚至还加以引导，这是一个人所能达到的最高境界。他，一个连自己能升入二年级都不相信的人，怎么可能做到这些复杂的事情？

所以，卡夫卡始终生活在孤独、恐惧与绝望当中，好在上天给了他文字的天赋，加上环境给了他极度敏感的内心，注定了他就是为了写作而来的，他说："我身上的一切都是用于写作的，丝毫没有多余的东西。""不写作使我变成一个更差劲的、六神无主、摇摆不定的人。"

他用象征的手法来描述这些命运和孤独的感觉，被判有罪的约瑟夫·K（《审判》）和进不去城堡的土地测量员 K（《城堡》），面对无厘头的罪名和压抑而不得进入的城堡，都是他在面对无力面对的现实困境。除了变成甲虫，他还用鼹鼠、猴子和狗等各种口吻来诉说生活的无奈，孤独之中保有一丝暗自的童真。

其实，其他的人又何尝不是面临这些困境呢？有个不善言谈的网友曾分享过自己的经历：在一个欢乐的春节年会活动上，公司请书法家来为大家写春联，这位同学来参加的时候还是高兴的，但是看到满屋子的同事竟然没有一个熟悉的，立刻慌了，看到别人谈笑风生，感觉自己不配在现场存在。许多人围着书法家要字，自己却不敢去要，只好捡地上别人剩下的字；总算后来来了一个熟识的人，借着同事的气场才能一起排队；等候书法家写字的时刻最难熬，感觉就像领主给仆人穿鞋；最后晾字时甚至不好意思占据一块地面。

他本以为网友会提出心理方面的建议，让他始料不及的是网友们都纷纷赞其文笔，有人说其像卡夫卡，有人说像鲁迅（鲁迅彪悍的性格远非卡夫卡可类比），写活了每个人心里都有的无助的小孩，在一片热闹中感到无所适从。

人，生而孤独，孤独的时候，往往也是人的能力迸发的时候。但在我们如今身处的喧嚣的尘世常常使我们忘记了独处，于是很难发现深层的自我，也很难发掘出自己最深的潜能。

而另外一些人则太易感知自己的内心，以致在心底里开出了孤独的花朵，化成文字或者其他的艺术形式，但是他们活得沉重而痛苦，比如卡夫卡，被人们奉为20世纪文学的先知、时代的先知与人类的先知，但我们绝不愿意体验他的略带病态的人生。

你看，事情就是这样矛盾，和卡夫卡精神气质极为相似的哲人陀思妥耶夫斯基曾经发出这样的质问：

"什么更好——廉价的幸福好呢，还是崇高的痛苦好？"

都好。如果无法选择，就在命运安排的框架内，多审视一下自己，让自己尽量不太廉价吧！

17

建筑会灰飞烟灭，爱和美却永远流传
——维克多·雨果《巴黎圣母院》

> 自从洪荒时代直到公元十五世纪，建筑艺术一直是人类的大型书籍，是人在各种发展状况里的主要表现形式，它可以是力的表现，也可以是智慧的表现。
>
> ——维克多·雨果《巴黎圣母院》

2019年4月15日，有着800年历史的巴黎圣母院突发火灾，大火吞噬了这栋古老的建筑，浓烟滚滚，93米高的哥特式塔尖在大火中倒塌，屋顶也垮塌成了一个大坑，但幸好主体结构并未完全毁损，整个文明世界都为这一场灾难而心痛惋惜。

这不由让人想起维克多·雨果的小说《巴黎圣母院》里面说的："假若我们有工夫去——观察这座古代教堂身上的各种

创伤，我们就可以看出，时间带给它的创伤，还不如人带给它的多呢。"

建于中世纪的基督教教堂都甚是宏伟，但是巴黎圣母院，在米兰、科隆、圣彼得教堂等欧洲一众大教堂中格外知名，它的家喻户晓很大程度就来自法国作家雨果这部小说《巴黎圣母院》和同名电影。

虽说文无第一，但在法国无数的文豪当中，雨果的地位显然是最高的。在《巴黎圣母院》当中，第一文豪写第一建筑，雨果花费大量篇幅——除了整整一卷，还在文中各处穿插——描写巴黎和圣母院的建筑，那些重重叠叠的屋顶、街道、桥梁、尖顶拱门、飞檐浮雕，无不在作者的沉思中徘徊登场。

因此，《巴黎圣母院》虽然故事很有想象力和张力，但因为它掺杂了太多作者以旁观者做出的叙述，现代的读者恐怕很难有耐心读这些长篇大论的评说。看起来，如果你只想获知一个故事情节，那么剥离了这些关于建筑、社会和时政的内容，故事似乎也很完整：

15 世纪的巴黎，美丽的吉卜赛姑娘爱斯梅拉尔德在格雷沃广场上翩翩起舞，引起了巴黎圣母院副主教克洛德的注意。克洛德虽多年沉迷于宗教学习无法自拔，然而欲望之火并未熄灭。他爱上了这个美丽的姑娘，并指使自己的养子加西莫多去强抢民女爱斯梅拉尔德。

独眼、跛脚、驼背、相貌奇丑的"丑人王"加西莫多自小被副主教收养，被安排在巴黎圣母院敲钟，又被钟震聋了耳朵。他对待副主教养父如温驯的羔羊一样唯命是从。就在他劫持爱斯梅拉尔德的时候，宫廷弓箭队的队长菲比斯出现，成功地英雄救美。加西莫多被判鞭刑，赤日炎炎下被绑在耻辱柱上，口渴难耐，在众人的嘲笑与谩骂声中，只有善良的爱斯梅拉尔德不计前嫌，给他水喝。

姑娘不可救药地爱着心中的英雄菲比斯，谁知道他竟是一个轻浮之徒呢！在一次幽会中，菲比斯被忌妒得发狂的副主教刺伤，并嫁祸爱斯梅拉尔德，可怜的姑娘就要被执行绞刑的时候，加西莫多冲入刑场救下她，把她带入圣母院庇护，日夜守护着她。然而最终副主教还是骗走了姑娘，既然无法得到她的爱，就把她交给了卫队。

加西莫多在钟楼顶上亲眼看着心爱的姑娘被绞死，痛苦之际，终于把自己的恩人、副主教扔下了塔顶，自己也追随爱斯梅拉尔德死去。

巴黎圣母院的阴郁的宗教背景和巴黎人民的杂乱的生活，是故事抹不去的底色，假如没有了昏暗的窗子里射出的阴郁的目光，没有了加西莫多的钟楼六座大钟此起彼伏的交响，没有了那些奔放欢乐又苦难的吉卜赛流浪人和乞丐，没有了国王路易十一的无情和辣手，这个凄凉的故事也只是无本之木罢了。

雨果的童年时代，经常和青梅竹马的妻子在修道院的建筑和花园里嬉戏，后来游历各国，他在旅途中观察和欣赏各种建筑艺术，他是一位实实在在的建筑艺术爱好者，所以未免在文中有对建筑花了大手笔进行渲染，他滔滔不绝地就那些罗曼式、哥特式、文艺复兴式艺术对读者强行科普，读着读着，你会怀疑，这些难道真的跟我读的这个故事有关吗？是的，这就是雨果。

除了对艺术的稔熟，雨果对于巴黎人的性格和生活也捕捉得异常精准，法国是一个追求平等的社会，在这里流浪汉会感觉自己和神父同等重要，大革命的基因似乎自古以来就流淌在巴黎人的血液当中，以至在很久以前的 15 世纪，那些无畏的抗争就没有停止过，像书中所写的几千个乞丐攻击教堂的事，就并非罕见。

雨果更是一位思想者。他从时代的动荡中敏锐地察觉到了新的气息。于是他在书里借古讽今，说出了这样一句话："一种艺术将打倒另一种艺术，印刷术将扼杀建筑艺术。"

我相信，这里的建筑艺术在很大程度上指的是教堂建筑。中世纪的欧洲，每一世代的思想都是由教会控制，教会从人民的手中抽走了财富，又用一块块石头砌成石头书，那样坚固，那样持久，高耸入云的尖塔，美轮美奂的花窗，无不在告诉人们：来吧，迷途的羔羊，这里有你们的精神指引，这里是你们心灵的归宿。人们无法选择，加西莫多与圣母院融为一体，"他以它为形状，正如蜗牛以其壳为形状"。

然而，宗教终究不能遏止人类精神新面貌的萌发。印刷术的横空出世，可以更加便利和永恒地保存人类的思想。伏尔泰说："书籍统治了世界，别的就不在话下了。""一个国家一旦开始思想，那就不可能阻止它了。"

建筑中凝固的思想如大山，书籍中记载的思想如小鸟，大山会在洪流中消失，小鸟会在空中继续飞翔。而且更重要的是，小鸟更加多元，各种各样的鸟儿带给人们不同的声音。书籍扼杀了建筑，这其中就包括雨果的书籍。

在雨果的故事里，加西莫多是爱的象征，爱斯梅拉尔德是美的化身。当然加西莫多在某种意义上也是美的，与其说他是一个丑人，不如说是一只忠诚的动物，如动物一般单纯善良执着。爱斯梅拉尔德也是善良的，只是她强烈的爱给错了对象。

雨果是多么无情啊，爱和美的对照是如此强烈，为什么最深沉的爱来自最丑陋的面孔，而最夺目的美背后却是轻率的灵魂呢？就是这样的不和谐的强音才让人明白命运的力量。雨果在序言里说，他在圣母院墙上发现了手刻的希腊文单词'ΑΝΑΓΚΗ，由于年深日久而发黑并且相当深地嵌进石头里，那是一个中世纪的人的手迹，这些字母当中蕴含着悲惨的、宿命的意味。但后来由于粉刷或者打磨，字迹就不见了——这个词的意思正是"命运"。

这样复杂的故事，仅靠那些冰冷的石头建筑是无法讲述的，文字却可以。

印刷时代培养出了深度思考的人们，如今我们又进入电子化的 e 时代，这种新的技术会不会又带来新的思想突破呢？我相信也是可以的，社会从孤立封闭变得万物互联，公开透明也有助于思想的传播。但是，也要警惕互联网的碎片化情绪对人类思考力的侵蚀。

印刷术的确扼杀了建筑艺术，但是印刷术也拯救了建筑艺术。由于教育的职能被书籍取代，现在，建筑完全属于艺术家和人民了，摆脱了教会的羁绊，建筑成为更加纯粹的历史、文化、艺术的殿堂。

还是雨果，用这部书把全球的眼光拉到这座古老的建筑，大家开始关注它本身的艺术价值和现状，此时圣母院的破败状况惊人，雨果使它得以获得修缮。同一时期，法国开始推行国家文物的清点工作，成立了文物建筑委员会。其他国家的调查清点工作也开始展开。

伟大的建筑是民族的宝藏、世纪的积累，时间是建筑师，人民是泥瓦匠，每个时代的浪潮给它们增添冲积土，每一代人都在上面填上自己时代的材料，就像海狸和蜜蜂做的那样。如今我们走遍世界，寻找的就是人类的痕迹。面对一片毫无故事的天地，我们会觉得索然无味，而一旦这个地方曾经有过动人的传说、耳熟能详的故事，我们就会饶有兴致地去追寻每一个建筑的细节，比如《巴黎圣母院》中的钟楼，《罗马假日》中的"真理之口"井盖，等等，是印刷术给了建筑新的生命力。

那些美丽的建筑，曾因各种原因在天灾人祸中消失，有些已经重建，比如前几年失火的清华学堂；而灾后兀立不做改变的也很多，比如圆明园大水法，比如澳门大三巴；有些还来不及重建，比如去年刚刚毁于一旦的巴西国家博物馆。无论是否重建，我们都无须做太多感叹，因为不管是否重建，如何重建，文字都会忠实地记录下历史的变迁。

这些建筑或许终归会灰飞烟灭，或许会获得重生，而流传不变的，是人世间的爱与美，通过文字代代相传。

18

踏上名著阅读第一级
——大仲马《基度山伯爵》

> 幸福似乎不应该这样轻易到手的。幸福像
> 是我们小时候书上所读到的魔宫，有凶猛毒龙
> 守着进口，有各种各样大大小小的妖魔鬼怪挡
> 住去路，要征服了这一切，胜利才是我们的。
>
> ——大仲马《基度山伯爵》

书籍是人类进步的阶梯，这个阶梯难以攀登怎么办？那就走一条平缓的阶梯吧，台阶多一些，不要太陡峭。

我上中学的时候，有同学不爱读书，老师就扔给他一本《基度山伯爵》（亦译为《基督山伯爵》），这本书被传遍了全班，几乎每人都读了好几遍。确实，如果你平常不太喜欢读书，你可以去读这本书，多半就可以培养起阅读兴趣了。因为它的阅

读体验，岂一个"爽"字了得！

谋事在人，成事在钱

年轻的水手被人陷害入狱，在狱中经历了 14 年的折磨，获得各项技能，飞速成长，终于得以逃脱，死里逃生。然后他又花了 10 年的时间报恩与复仇，故事里充满爱情、决斗、毒杀、炫富和巧合，最终畅快淋漓地好人好报，恶人受罚，一切尘埃落定。

不过，在我看来，《基度山伯爵》是一本优秀的作品，却无法归为最顶尖的著作，因为这个故事在很大程度上像《一千零一夜》一样，是一个异想天开的故事，有两个原因使它的境界无法登顶。

第一个就是人物性格的扁平化，好人完美无瑕，坏人作恶多端，恩人的儿子、女儿和女婿就都是品格高尚的人，仇人不仅陷害过主角，还背主弃义，还有私生子，还参与谋杀，这些见不得人的丑事一一被主人公掌握，然后作为武器一击致命。

这不由得让我想起我小时候跟爸妈去电影院看电影，那时我所能提出的唯一的问题就是："这人是好人还是坏人？"想必如果当时看的是《基度山伯爵》，父母一定会轻而易举地用两个字"好人"或者"坏人"来准确地回答我的问题。但是如果看的是《悲惨世界》，那他们就只能告诉我，"没有绝对的好人和坏人，再说人是会变的，坏人悔过能变成好人"，但是黑漆漆的电影院里是不允许进行这样的对话的，所以我得到的答复就往往是："你好好看就是了！"

另一个缺陷，就是无所不能的金钱时时在字里行间叮当作响。我们都知道，天上不会掉馅饼，但这里天上却掉下取之不尽，用之不竭的财富，让主人公东一套豪宅西一套别墅，左一艘游艇右一匹骏马，挥金如土，当然都是用于复仇大业，但这充分说明了一件事：谋事在人，成事在钱。

受神话故事的影响，估计每个人都曾经有过这样的幻想：如果我有一盏神灯，如果我能实现三个愿望……

不，这样的想法太荒唐，异想天开不现实，而且太懒惰了，但凡成熟一点的人都放弃了这样的假设。

那么还是退一步，用金钱来说话吧，由钱支持的行动方案还是颇能显示出主人公的智慧的。

拜智慧和金钱的力量所赐，主人公呼风唤雨，获得了地位、信息、爱情，掌握了别人的命运。那如果剥离了金钱，仅凭智慧，基度山还能成功复仇吗？报恩估计是不行了，复仇估计还是可以完成一半的，比如揭发卖主求荣的军官，用私生子事件来打击检察官，但是肯定做不到稳、准、狠，也没有这么潇洒与扬眉吐气的效果，至多是历尽艰辛的惨胜罢了，怪不得有人说，"金钱是我们这个时代的上帝"，主人公的光环掩盖了上帝，但那是金钱的力量啊！

大仲马自己也是富翁，他的财富来源于自己的书写所得。他斥巨资建造了剧院和豪华城堡，并且为其命名基度山。大群朋友聚集在此吃喝享乐，最终使他债台高筑，大仲马不得不出国躲债。然后又经过几年的辛勤创作，经济情况才有所恢复。

世上终究没有无穷无尽的宝藏，基度山的故事只能是一个传说。

希望、等待与长期主义

真奇怪，我为什么先上来把这本书批判了一通啊，难道我不喜欢这本书吗？或许这就是平常所说的"褒贬是买家"吧，我很喜欢这本书，当我不在读的时候，我挑剔它，但当我打开书，我就忘记了它的瑕疵。沉重深刻的书当然是好书，但令人望而生畏；轻松愉快的书，情节奇特新颖，引人入胜，也是好书。

据以色列作家赫拉利说，智人能够在众多生物中脱颖而出，最重要的原因就是讲故事的技能，虚构的故事像胶水一样把人们结合在一起，让我们成了万物的主宰。这么说来，作者大仲马无疑是一个进化得最完善的人——他太会讲故事了！这个故事虽然也是"经典名著"，可是它的面孔没有那么严肃，而是紧张又活泼；它很长，可是离奇的情节拉着读者不眠不休非看完不可，你明明知道最终的结局是皆大欢喜，但还是忍不住为书中人物的命运捏一把汗；它很通俗，可是它要表达的思想也并非报恩与复仇那么简单。

水手爱德蒙·邓蒂斯有三个仇人，一个是羡慕他马上要当船长的同事，一个是忌妒他马上就要结婚的情敌，另一个是明知他的冤情依然为私利把他投入牢狱的检察官。

因为他们的陷害，无辜的邓蒂斯被关进了黑牢整整 14 年，14 年间，几度失去信心准备自绝，又几度因不同的原因升起希望，先是无所事事地等待了 7 年，又用剩下的时间学习知识、准备越狱，所有的准备工作都做好了，我们知道他就要逃出来，但是我们终究没有想到他逃出来的方法。

邓蒂斯化身基度山伯爵对三个仇人开始复仇，三人都经历了家破人亡，可是各有各的方式，作者的设计太精妙了，读者无法猜到。

虽然是复仇，虽然基度山被仇恨蒙住了眼睛，但是我看到的更多的是关于爱与良知的故事。伯爵的良知始终没有泯灭，也没有动手行凶，只是借助金钱的力量，化身上帝之手，一一揭开罪恶的盖子，让过去的丑事暴露在阳光之下，正义自然就会驱逐邪恶。顶多是利用了人性之恶，稍加点拨，促成仇人的内斗。

他的心中还有汹涌的爱，在狱中，一切都准备好了，但他宁可不逃走也不肯放弃狱友；在复仇成功的前夜，昔日恋人的一番恳求，就让他放弃了酝酿十年之久的计划，甚至准备放弃生命。"我多傻呀，"他说，"在我决心要为自己复仇的那一天，我为什么没有把我的心剜出来。"

而当仇人已经家破人亡，甚至无辜的人也被牺牲，他获得的不是畅快，而是自我怀疑，复仇究竟是否真的值得？他幡然醒悟，自己已经陷入仇恨太深了，而仇恨无法使人获得救赎，原谅才可以，"我原谅你"才是一句有力量的话语，最终他以戏剧性的方式宽恕了最后一个仇人。

所以，复仇虽然是故事的主线，但绝对不是主题，作者更希望表达的是爱与宽恕。本书的结尾基度山留给朋友的信中写道："人类的一切智慧是包含在这四个字里面的：'等待'和'希望'。""等待"或许可以因为种种原因，但是说到"希望"，我们难道能把仇恨当作希望吗？这么美好的一个词语，只能赋予它美的概念，比如爱，比如自由。

很多优秀的作品中都有《基度山伯爵》的影子。电影《肖申克的救赎》长久以来都高居影片榜的首位，其中就有《基度山伯爵》的影子。银行家安迪被陷害入狱，在肖申克的监狱里，阴森森的环境中，安迪用自己的智慧，不光为自己，也为狱友们争取到了许多权利。正是"希望"，让安迪从未放弃对自由的追求，几十年坚持不懈地挖墙，终于让安迪在大雨之夜逃出了樊笼。从山崖掉落大海的基度山，与从下水道爬出的安迪，坚韧的灵魂终于相遇。

然而基度山最终获得真正的自由，还是要到复仇与宽恕之后。24年的时间，两纪的等待，过去的随风飘逝，未来还有希望。

能够耐下心来积蓄与等待的人或者组织都是可怕的，我的老师、清华教授宁向东说："什么是长期主义？就是要有专注力，同时社会要创造让组织、个人保有专注力和连续性的环境。"无论是个人还是组织，可以经常自问，除了那一个亿的小目标，我还有长期的目标吗？我专注于此了吗？我持续地努力了吗？

文字的使命是文化

每个故事都脱离不了它发生的时代和地点。读故事，也可以顺带上一堂历史地理课。

书中反复提到，邓蒂斯于1815年2月28日入狱。这个时间正是拿破仑的第一次流放期间，而邓蒂斯的罪名就是为厄尔巴岛的拿破仑传递书信，图谋造反。

法兰西是一个有革命传统的国家，自从启蒙运动兴起，天赋人权、主权在民的思想就根植在法国人民心中，当他们对一个统治者不满意，他们就会团结起来勇敢地推翻他。

几十年间，法国王朝、帝国与共和国频繁更迭，拿破仑无疑是其中最耀眼的那个王者。1799年11月9日，在热月党人当权的法兰西共和国，这个小个子军事天才发动"雾月政变"，结束了国内各派制造的混乱与恐怖，建立起独裁统治，并于

1802 年称帝，建立法兰西第一帝国。

欧洲各国不愿坐视法国强大，先后组织了六次反法同盟，终于击败了拿破仑。双方签订《枫丹白露条约》，拿破仑的帝国被肢解，1814 年 4 月 6 日，拿破仑被迫退位。盟军决定将他流放，他依然是皇帝，只是他的独立主权和统治权仅限于地中海小岛厄尔巴岛，在这里他仰视意大利的天空，并从法国获得大笔地土收入。

雄狮绝不甘成为困兽，这座小岛所能承载他理想的范围太小。当他获得某些信息，如可怜的邓蒂斯无意中替人传递的书信中所说，一些革命分子渴望回到过去，因为只有在战时才能获得高官，许多穷人也怀念灿烂辉煌的拿破仑帝国，他那些受伤未死的斗士精神又被唤醒了。

大仲马无疑是拿破仑的拥趸（话说有几个法国人不是呢），他的父亲老仲马是拿破仑手下的猛将，书中的正面人物都支持拿破仑，反面人物支持复辟的路易十八。故事选取这样的历史背景，相信也是在向拿破仑致敬。只可惜，命运的天平已经不再倾斜于后期的拿破仑，宣告回归之后，他的百日王朝仅仅持续了三个月，面对第七次反法同盟，一场滑铁卢战役让他的一切告终，茨威格的《人类群星闪耀时》一书中生动地描写了那个场景。

拿破仑是法兰西之子，他的人生又何尝不是一场恩仇记，他结束了混乱，也结束了民主。当他称帝，沉醉于权力与意志的快感时，他已经不是早年那个革命之子，当他再度归来，也遭受了惩罚与赎罪：他第二次被流放于圣赫勒拿岛，这个岛位于遥远的南大西洋，南美洲与非洲之间，他最终死在这里。

如果你有兴趣再拿起地图研究一下，你会发现在拿破仑第一次流放的厄尔巴岛的南部、在科西嘉岛的东部海面上，有一个非常小的小岛叫作蒙泰克里斯托岛（Isola Di Montecristo），就是书中所说的基度山岛。大仲马曾经在此坐船绕行，望着高高耸起的海岬，酝酿他头脑中的故事。现在这个岛上有高山、古堡和修道院，常住居民少于10人，每年仅对外开放两次。

从这里沿海岸线一路向北，会到达里窝那，这里是海盗和走私犯们聚集的地方，邓蒂斯从牢里逃出来后就在"宙纳·阿米里"号上穿梭于里窝那和科西嘉、撒丁岛等各处的航线上，无数次经过基度山小岛。

绕过大岛科西嘉向左航行，在马赛港的旁边只有两千米的海域中，有一个比基度山岛还要小得多的伊夫堡，这是地牢所在的地方了。岛上本有堡垒驻守士兵，用于守住马赛的门户，后来改为国家监狱。1953年起监狱废弃，供人们游览。当导游向旅游者指点邓蒂斯从伊夫堡被抛入大海逃跑的地点，好像真的发生过这个复仇故事一样。对文字的最高评价就是让它成为传说，成为地标，铭刻进当地文化中口口相传，大仲马做到了。

还有狄波伦岛、波米琪岛……书中这些小岛都安详地躺在地中海阳光中，海洋文化孕育出的故事令人神往，不知道有没有旅游公司开发一条"基度山伯爵主题旅游专线"？能踏足书中出现的每一个地点和景观。有生之年，我期待一个机会，能去亲身拜访这些小岛。

19

和我在平行世界里走一走
——乔斯坦·贾德《苏菲的世界》

> 孩子和成人相比，孩子还没有成为"习惯性期待"的奴隶，在两个人当中，孩子是比较没有成见的一个。我想，小孩子应该比较可能成为哲学家，因为他们完全没有任何先入为主的观念。而这正是哲学家最与众不同的地方。小孩子眼中所见到的乃是世界的原貌，他不会再添加任何东西。
>
> ——乔斯坦·贾德《苏菲的世界》

朋友的孩子刚刚上小学六年级，学校期中考试的作文题是"结合《苏菲的世界》里柏拉图和亚里士多德对女性的观点，写一篇身边熟悉女性的记叙文"。

我不由大惊失色，现在学校对小学生的综合素养要求这么高了吗？想了半天，我不知道他们俩对女性的观点是什么，也不知道该怎么写。看来想做一名合格的小学生，我还差得远。

我只好追随群友买了这书，与孩子共读，结果发现她只关注"悬疑"的部分，对知识点全部都跳过不看，令我哭笑不得，只好自己先看一遍，谁知道一看便停不下来。

十四岁的苏菲收到了两张神秘的字条：

"你是谁？"

"世界从哪里来？"

这两个问题让她陷入了思考（可真是个爱思考的学霸），于是就像完成一项探险任务一样，她跟随发信人艾伯特·诺克斯，开始了哲学课程的学习——原来这是乔斯坦·贾德的一本介绍西方哲学史的启蒙书，装在一本小说的套子里。

哲学课程的内容占了全书很多篇幅，穿插在哲学课当中的是一些悬疑事件。本来字条的出现就很离奇了，可是不合常理的事情越来越多，不断有属于陌生女孩席德的生日贺卡和物品出现在苏菲周围。

原来，苏菲这个人物，只是在黎巴嫩联合国部队工作的挪威少校艾勃特·纳格虚构出来的人物，艾勃特用她做主人公写了一本有趣的哲学故事书，当作给女儿席德的十五岁生日礼物。

在老师艾伯特的提示下，苏菲渐渐意识到他们只是书中的角色，是艾勃特少校意识的一部分。他们开始发起了向他们的上帝——艾勃特少校——的抗争。最终，他们逃出了艾勃特设定的书中世界，来到了另一个永恒世界，可以说是席德所在世界的平行世界，在这里她能看到席德的一切而不被发觉，被支配者变成了支配者。

全书到此结束，我也不由为这个两层的嵌套故事称奇：苏菲和艾伯特是少校创造出来的书中人物，而席德和艾勃特又是乔斯坦创造出来的书中人物，最终还是借助了乔斯坦的笔，苏菲逃离书中被操纵的命运。

作者为什么要这样设置呢，难道乔斯坦仅仅是在为一部西方哲学史设置趣味性的外衣，使之更有可读性吗？其实，关于我们生活的这个世界是不是一个真实的世界，仍然有无数怀疑者在追问，或许这世界只不过是一本书，又或许它是一段编好运行的程序，听上去匪夷所思，但是你却无法反驳。

你或许可以愤愤不平地掐一下自己，说："我知道疼，肯定不是在梦中！"

可是，人在被催眠的状态下也一样感受到疼痛，所以感到疼并不能说明我们生活在真实世界。

从古至今，无数的哲学家都在怀疑我们这个世界的真实性，按照柏拉图的说法，唯有"理想"世界才是永恒的真实世界，而我们活着的这个世界不过是理想世界的影子。

笛卡儿和柏克莱（又译为乔治·贝克莱）都认为，我们无法知道我们所感受到的事物是否存在。当然，我们或许不同意这种说法，但我们必须找到自洽的证明方法。

按照目前科学界的观点，宇宙从一个奇点的爆炸开始从无到有地生成，经过 137 亿年的膨胀，直径已经达到 920 亿光年，目前看来人类永远也没有到达宇宙边界的可能性——这是不是说明，人的尺度对于这个宇宙来说完全不合适，"人是万物的尺度"只是一种一厢情愿？或许在另一个更加宏观的尺度上，宇宙完全可以跨越，甚至可以看到宇宙之外的宇宙？那个尺度中的"生命"看我们人类，跟微生物也没有什么区别？

爱因斯坦和霍金这些聪明的大脑，是人类世界中的"苏菲"（这个名字本来的含义就是智慧），他们多多少少窥见了些许宇宙的奥秘，推测出人类在宇宙中的地位。其实在他们之前，在人类文明的早期，智慧者的桂冠是戴在哲学家头上的，德尔菲神庙里面的神谕就说"苏格拉底是最智慧的人"，因为他知道自己一无所知。

书里说，这世界就像魔术师从帽子里拉出的一只白兔，我们就是寄居在白兔身上的微生物。所有的生物都出生于这只白兔的细毛顶端，他们刚开始对于这场令人不可置信的戏法都感到惊奇。然而当他们年纪愈长，就愈深入白兔的毛皮，并且待了下来，那儿非常安适，他们不愿再冒险爬回兔毛尖上。

我们人类，对世界的了解实在是太少了，我们不知道这只白兔究竟是怎样凭空出现的，最初我们充满了惊奇，觉得一切皆有可能，但是当我们逐渐习惯了这个世界，就不会再感到惊奇。

唯有哲学家才会踏上此危险的旅程，待在兔毛的尖端去探究到底发生了什么。他们这么多人前赴后继、乐此不疲地去追问和探寻：这个世界到底是我们感官感知到的，还是理性认识到的？

提出一个问题比解答十个问题更有意义。哲学家终生保持对世界的敏感，就拿"平行世界"这个话题来说，这个想法的雏形也是哲学家提出的，一代代哲学家仅凭理性的思考就能与现代科学的推论殊途同归，可见思想的力量没有边界。

现在，回忆自己最初的岁月，可能都或多或少保持对世界本源问题的惊奇，就像北大门口的保安，每天都会面对来客问出三个终极问题：你是谁？你来自哪里？你到哪里去？

我自己年幼时就曾有过一个疑问：为什么世界上这么多人，我偏偏是我呢？不是我爸爸也不是我妈妈更不是隔壁家的小伙伴，不是任何一个其他的人，我就是我？

当时我疑惑了很久，直到年龄渐长，不再考虑这种无谓的问题了。但是偶然间我看到伍迪·艾伦的话"我一生中有一件憾事，就是我不是另外一个人"。我大为惊诧，这人怎么这么准确地说出了我的心声？原来"我是谁"这个问题是令所有人都迷茫的永恒的追问，我又重新想起自己年幼时那些始终无解的疑惑，它们被搁置在岁月中落满灰尘。真遗憾，我没有遇到我的艾伯特老师。

另外一种遗憾来自某种钳制之下，人们已经变得不再思想开放，预先假定了真理所在，遇到违背自己"信仰"的东西就开始坚定地抵制。正因如此，中世纪没有伟大的发现。

我们不需要成为哲学家，但我们需要保持对世界的惊奇，否则的话那些哲学思辨方法就会与我们渐行渐远了。但幸运的是，这个世界上怀揣好奇心与想象力、不囿于习惯性期待的人仍然很多，所以这个时代并不逊色，绽放出那么多的奇思妙想：

《三体》当中，太阳系被"歌者"以一块二向箔轻轻地降维，就像一片蛛丝被抹去。《盗梦空间》里面，盗梦者进入别人的深层潜意识进行植梦，主人公分不清现实和十几层的梦境。

当我们看到这样的作品时，我们就会明白突破传统的创作是多么有魅力。

《苏菲的世界》是一本好书，它虽然无法带我们到物理学中的平行世界去，让你看到你生前和未来的样子，但是它启迪我们：永葆好奇心，永远去思索未知的领域，我想，进入这样一个哲学思考的世界，你也是进入了另外一个平行世界。

读到文章的亲爱的读者，请和我一起在这样的平行世界走一走——一直走到时间的尽头。

20

每个人都走近自己的湖

——亨利·戴维·梭罗《瓦尔登湖》

> 我的屋子在一面山坡上，紧挨着那片比较
> 大的树林，周围是油松和山核桃的新生林，离
> 湖有六杆的距离，有一条狭窄的小路通向湖边。
> 在我的前院里长着草莓，黑刺莓，景天，金丝桃，
> 一枝黄花草，灌木栎树，沙樱，乌饭树和落花生。
>
> ——亨利·戴维·梭罗《瓦尔登湖》

一个人，忽然离开了日常的城市生活，跑到乡间湖边，自己动手开始建造房子，衣食住行全凭自己的劳作，就这样与日月星辰、高山湖泊为伴，诗意地栖居了两年，是不是很酷？你会怎样评价这种行为？

你一定知道我说的是谁的事迹，是的，梭罗和他的瓦尔登湖。

瓦尔登湖本是一汪名不见经传的水塘，却因为梭罗而声名大噪，就好比滕王阁之于王勃，岳阳楼之于范仲淹，醉翁亭之于欧阳修。

1845 年，梭罗住在恩师美国文豪爱默生家里，爱默生在康科德镇的瓦尔登湖附近买下了大片的土地河流，出于对这个年轻人的欣赏与喜爱之情，这位大地主允许梭罗去自己的土地上盖房居住。梭罗于是来到湖边，花了 28.125 美元，在距离康科德镇两英里的瓦尔登湖边建造了自己的小屋。

从 1845 年 7 月 4 日到 1847 年 9 月 6 日，梭罗在湖边小屋居住了 2 年 2 个月零 2 天，之后他又回到了城市，再次成为文明世界的过客。

他的小屋被恩师爱默生买下，后来爱默生的女儿把这大片土地捐赠给州政府，瓦尔登湖开始对公众开放，成为无数人前来探寻梭罗生平与踪迹的"圣湖"。

何谓隐者

梭罗的行为是一种隐者的行为吗？

隐者，隐匿山林，远离尘世者。我国的陶渊明是典型的隐者，他几次出仕，几次归隐，终因"性刚才拙，与物多忤"，不能与晋宋之间混乱的官场同流合污，于是"归去来兮"。

陶渊明的归隐可以说是迫于无奈，而不是一种主动选择。

在中国，历朝历代是没有独立的知识分子阶层的，要么做官，要么种田。陶渊明没有诸葛亮和谢安的政治才干，他的才能在于写诗，或者说治学——然而抱歉，没有这样的岗位——他只能种田，可他也不是一个好农夫，他种的豆"草盛豆苗稀"，种的粮食吃不到第二年，全家都得跟着挨饿。

梭罗则完全不同，他幸运地生长在一个思想碰撞的时代，毕业于哈佛大学，毕业后回到家乡教书，当然，哈佛离他的家乡康科德也不远，只有20多分钟的车程。在康科德小镇，学术气氛浓厚，他身边既有被称为"美国精神之父"的爱默生，又有《红字》的作者霍桑、《小妇人》的作者奥尔科特，每一个美国人都无法抑制他们天生对政治的关心，所以他们在一起畅谈社会、政治与理想。

这样坐拥天地日月人，有朋友有工作，不仅当过教师，更擅长土地测量员的工作（并非小说《城堡》里面可怜的土地测量员），这样的生活，仅凭着在林中居住的两年，怎么可能判断梭罗是一个隐者呢？他自己说："我不希望度过非生活的生活，生活是这样的可爱；我却也不愿意去修行过隐逸的生活，除非是万不得已。"

所以，在瓦尔登湖畔，梭罗是主动选择了一种自己喜欢的生活方式，他认认真真地造房子，记录下每一笔开支；他研究不用酵母做面包的方法，他钓鱼种豆子，怀着珍爱的心情为豆子松土，从早到晚地照看它们——"晨兴理荒秽，戴月荷锄归"，想象豆子保卫战的场面，列出种豆的开支和盈余。

这是一个热爱生活的人，充满朝气的人，珍惜生活每一天的人，他自己所说：每一个早晨都是一个愉快的邀请，使得我的生活跟大自然同样的简单。他不由得吟诵了中国帝王成汤的古老信条："苟日新，日日新，又日新。"在我的母校清华大学，"人文日新"已成为清华的校园文化精神，东方的智慧在瓦尔登湖畔闪耀。

自然主义

关于梭罗去湖边独居的行为，比较权威的说法，来自哲学教授们（不知道是不是哲学家——你读了原书就会知道这个哲学梗是什么意思）：梭罗是在践行一场超验主义的思想试验。

所谓超验主义，简单地说就是超越经验和理性，直觉可以让你认识真理。它的创始人爱默生说："相信你自己！"超验主义者崇尚个人精神自由，尊重个性，热爱自然，认为自然有灵。

关于这个说法，哲学教授们说得好有道理，但是为什么我要想到一个略带讽刺的笑话呢？这个笑话说，我们随便一个行动就是一个主义：好吃好喝是享乐主义，和女生散步是浪漫主义，一马当先是机会主义，坐着不动是逃避主义……

我不太明白这些主义。梭罗是超验主义者，但是我们却很难理解超验主义，那就当他是一个天性喜好孤独、善于倾听内心的人好啦。我们可能对古人做了过多的解读，就像做一篇阅读理解，恨不得把每个字每个词都分析得滴出水来，然而作者的初衷仅仅就是——我想要这样。

我理解梭罗，他把他对自然的喜爱透过文字传递给我，他的思想是闪烁的繁星，虽然时不时被浮云遮蔽，但有心的观星者总能用适当的器材或用自己的经验去捕捉到。

人与自然之间有一种神秘的牵连，这种牵连从远古采集狩猎时代就已经写进我们的基因里了，我们喜欢亲近湖水，喜欢在山野林间徜徉，看日升月落，繁星闪闪，听风声雨声，与禽兽为邻……

自然是自足的，自然可以没有人类，人类却不能没有自然。然而是从什么时候开始，我们与自然分道扬镳的？人类原本属于自然界的一部分，现在人们跳脱出来，钻进城市或农村的"樊笼"，疏离地远观自然，世界从原本统一的"自然界"变成了"人与自然"的二元对立。

在那个古老的基因的控制下，梭罗毅然打破了这种对立，他走进自然，用敏锐的感官建立起与自然的沟通。他像一个孩童一样与自然对话，也与自己的心灵对话。他甚至不愿把这些美好的遐想时光牺牲在任何工作上，无论是体力还是脑力。一个下午的时间，在别人看来他只捡拾了几个野果，他自己却知道自己采撷了天地中最好的精华。

天空滑翔的枭鹰，水里跃起的鲈鱼，田间吱吱作响的野兔和老鼠都是他对话的对象，蚂蚁打架、潜鸟狂笑，他饶有兴致地观察、揣测、记录着，他记录下湖水的颜色，在天空、远山、森林、冰面、天气的交互作用下，那些色彩是怎样丰富又具象啊，我们会诧异他为何会写得如此具体，无论是森林湖泊还是动物，他不厌其烦地描述每一个细节，也许这就是天人合一，只有置身天然之境才能有这样的感悟力吧。

每个人都可以像梭罗一样亲近自然吗？看起来容易，但真正实施起来却很难。有一个秋天，我曾经一人在海南的一个山庄短暂地居住过，那里白天各种绿树遮天蔽日，蜥蜴在地面快速地爬过，蝴蝶在林间款款地飞行，寂静的山里树叶沙沙，虫声唧唧，鸟鸣啾啾；晚上则是漫山遍野化不开的黑暗，远离光源的污染，是观星的绝佳地点，只是海岛上总是堆积着厚厚的云层，星空从不轻易示人。

我是一个喜欢独处的人，但是一个人在山中，远离了尘世，虽然清净却无法享受惯常的便利，中午我走很远的路翻过山坡到镇上去吃饭，一路上我既怕见不到人，又怕见到人，空无一人使我心慌，偶然有一个人又让我想到诸多的刑事案件。

一天夜里，我被两个晃动的光点唤醒，它们在我这近视＋散光的视力中显得格外的大，真是可怕。我定了定神，才发现是两只萤火虫在我的阳台上跳舞。浪漫与恐怖就是这样不期而遇，我们想要亲近自然，却绝不敢把自己完全交给自然。自然不仅属于人类，它同样属于山中的猛兽、水里的鳄鱼、林间的蚊蝇。按照康德的说法，让我们心中充满敬畏的，是头顶上的星空和内心的道德准则。星空亦是自然，值得我们去尊重、去顺应、去敬畏。

那一刻，我终于理解了梭罗的"超验主义"，或许他独居林间并不仅仅是"我想要这样"，而且是通过这样的行为来做一个关于生存的实验吧：到底人与自然能在多大程度上和谐相处？

如果说每一个行为都代表着一种主义，梭罗的行为是否也可以称为"自然主义"呢？

文明的悖论

如今环保主义大行其道，梭罗的生活方式成了环保主义者的一面旗帜。是的，梭罗的生活是环保的，因为环保本来就是对自然友好。

梭罗在与自然和谐相处中看到，蒸汽机车大口大口地吞吐着黑雾，装载着满满的木材驶出森林，货物在聚集、交换、消费，文明社会大踏步前进，人类毫不留情地在自然的胸口上留下永久的创伤。

但是如果仅仅用"环保"来描述梭罗，又似乎不够全面。更加准确的是，梭罗倡导和推崇一种简单、返璞归真的生活方式，他说："大部分的所谓生活的舒适，非但没有必要，而且对人类进步大有妨碍。"在第一篇《经济篇》里用了相当长的篇幅斥责浪费，推崇节俭的生活。在梭罗看来，生活的基本需求无非就是食物、住宅、衣服和燃料，其他不必要的外在设施都可以舍弃，人们应当更加专注于精神的丰富。

梭罗的行为在今天未必能够得到认同。如今我们房屋越来越讲究，甚至要预支了大半生的时间去支持它，人们因为拥有了房子变得贫穷，而不是富有。以手机为代表的电子产品每年都更新换代，花式炫耀各种新功能，而这功能或许它的一生根本都不会被用到一次，却需要你为此付出好几千块钱。奢侈品大行其道，它们为我们贴上人为的标签，迷惑我们的心智，让我们戴上金银的镣铐。这个社会不仅鼓励消费，而且鼓励超前消费。

我有一次写了一篇文章《我用千元机，挤地铁，但我不是穷人》，立刻遭到网友的抨击，认为不开车不买手机，将导致中国内需不足，影响了经济的发展，非常有理有据，真心忧国忧民。

节俭与文明是一对非此即彼的矛盾吗？我仿佛看见了文明的悖论。为了更舒适的生存，为了经济的发展，消费几乎成了必然的正确行为，每当消费力下降，政府就想办法各种刺激，从而保证了持续的生产、增长，否则就会经济下行，许多人失业。但是，这样的发展是可以永续的吗？

同时，科技的发展让我们享受了便利，让我们更有掌控感，让我们看见自身的价值，感受到人类的伟大，但也让我们失去了很多，甚至可能加速人类的灭亡。动画片《瓦力》中，未来的科技发达，人类移民到太空，每个人都大腹便便，靠一台机器来帮助自己生存，而地球作为一个垃圾场留给小机器人瓦力来清理。

科学与经济从来不判断对错，只是无言地行动，为今天的人类创造福祉，同时也为未来埋下担忧的种子。当下的灿烂和永远的存续存在着矛盾，未来会怎样？我们都是文明世界的过客，也许只有迈入时空的更高维度才能看清。

我们可能无法看清人类的命运，却可以不在物质社会迷失自己。梭罗说："我到林中去，因为我希望谨慎地生活，只面对生活的基本事实，看看我是否学得到生活要教育我的东西，免得到了临死的时候，才发现我根本就没有生活过。"

有人说，难道也要我像梭罗一样过离群索居的生活吗？拜托，我们不需要东施效颦，"从圆心可以画出多少条半径，就有多少种可能的生活方式。"我们只需要审视自己的内心：我是否被人云亦云的欲望绑架了？如果我们只做自己真正应该和想要做的，忽略那些不必要的人为负担的话，我们也就拥有了属于自己的瓦尔登湖。

《瓦尔登湖》是一本寂寞的书，很多人对它的评价是"枯燥""读不下去"，那是因为没有放空自己来读。这本书的思想是如此的清澈，文字是如此的安静，以至你必须静下心来阅读。当我读完第一遍时，我想，"可算是完事了！"当我一年后鼓足勇气再读第二遍的时候，你猜怎么着？虽然有无数的共鸣点，它依然那么难读！但是好东西不就是这样吗，《存在与时间》《相对论》，哪一个又是容易读下去的呢？

愿你也能抛弃身边不必要的浮华，专注于这样一本好书，也许你也就迈出了通向自己的湖的第一步。

21

平庸就是犯罪

——斯蒂芬·茨威格《人类群星闪耀时》

伟大的一秒钟，他对不恰当地被召唤来而不善利用他的人的报复就这么可怕。一切市民的品德，小心、服从、热诚和谨慎，一切全都熔化在命运降临的伟大瞬间的烈焰而于事无补，此一瞬间只要求天才，并将他塑造成为永恒的形象。

——斯蒂芬·茨威格《人类群星闪耀时》

假如有一台神奇的机器叫作时间扫描仪，它能扫描出整个世界在各个时期的样子，那么它会输出什么给我们呢？

如果它是一条线，肯定是连续的而非离散的，它不会断开，但是也许会有一些特殊的点，让这条曲线忽然大幅跳跃，平滑的线上凭空冒出一个奇点。

如果它的输出是声光影，那它一定在大多数的时候冗长又乏味，但在某些时刻发出浑厚的交响、灿烂的光芒，然后绚烂至极复归于平淡。

你有没有想过，这些与众不同的奇点，对应哪些历史时刻呢？

深受人们喜爱的奥地利作家茨威格，给出了他心目中的回答。他在《人类群星闪耀时》一书中，就给出了十四个这样的时刻。这十四个时刻，并不是历史的写实，而是一些往事在茨威格头脑中的激荡，他闭上眼，那些业已凝固的人物就开始有血有肉，他提起笔，那些早已消散的硝烟开始弥漫。

在茨威格的笔下，这样的蒙太奇时刻主要有三类，它们是：

人类探索世界的突破

人类在探寻世界的道路上永不停歇，最早，人们以为世界就是乌龟背上驮着的一块平板，那么乌龟的脚下是什么呢？是另外一只乌龟驮着的平板。

到了 20 世纪，地球对人类几乎不再有秘密，欧洲人心中各种欲望与激情召唤着他们：走，找金子去，到美洲去，到南极去！就像现在的国人，投资去，买房去，到太平洋的对岸去！

茫茫的太平洋，曾经不为人知。亡命之徒巴尔博亚（又译：巴尔沃亚）穿越巴拿马海峡的毒蔓、野兽、酷热、暴雨、沼泽和瘴疠，终于站上山顶，望见了左边的太平洋和右边的大西洋，1513年9月25日，他成了第一个发现太平洋的欧洲人，他企图以这个前无古人的功业抹去前期的罪行。

为什么几乎所有的迈出的脚步都来自欧洲人？其实中国人、美洲人一直都知道太平洋，却很少想到去征服她。是什么动机促使欧洲人这么不安分呢，是他们的基督吗？

茨威格说："占领者的性格和行事方式是难以解释的独特混合物，他们以基督徒的虔诚和狂热祈求上帝，又以上帝的名义做最卑鄙的非人道的勾当。"

人类进化了上百万年，在某种程度上依然是一群文明的猴子，所有的好奇与躁动、贪婪与自私、激情与好胜都仍然留在基因里，这些躁动是一枚硬币的两面，它既是野蛮的，又是进取的，它掺杂着带来杀戮的自私贪婪，同时也伴随着心中的激情，从而带来了人类发展的飞越。

但是应当承认，文明在与野蛮的对抗中逐渐占了上风。为了连接大洋的两端，菲尔德在大西洋底三番五次地敷设电缆，历时十五年才完成。为了把联合王国的旗帜尽早插上南极点，斯科特的探险队意识到自己正在从事不朽的事业，从而获得了超人的力量，虽然他们最终败给了挪威人，没有获得第一。

他们的每一次壮举，都是历史的高光时刻。

世界政局的风云变幻

无论是何等的文明，人类总也忘不了对强者的崇拜。战争塑造了强者，战争也使人痛快地释放出体内积蓄已久的暴力，历史上的理智与和解总是稍纵即逝，战争的邪恶与魅力对野蛮又文明的人类永远充满了诱惑。

一将功成万骨枯，人类的战争与狮群的争斗，相似之处是都是为了攫取，不同之处是人类发展出了战争的策略与艺术。

觊觎拜占庭帝国已久，土耳其的苏丹，穆罕默德让人建造巨型大炮，佯装从陆路进攻，然后又把从未有过的事付诸实现——让船爬山。土耳其军队历尽艰辛把巨大的船队翻山越岭地从一个水域运到另一个水域到达拜占庭城下，就像当年的汉尼拔，从西班牙翻越比利牛斯山降临了罗马，这一次，真主的意志强过了基督。

命运之神听命于强者却捉弄弱者，当它投入平庸者的怀抱，也会改变历史的走向。

格鲁希元帅拥有拿破仑军队三分之一的兵力，负责追踪普鲁士军队。在关键的滑铁卢一战中，战斗已经打响，拿破仑的军队正在和对手酣战，谁获得支援谁就能够获得胜利。战争瞬息万变，格鲁希应随机应变，支援主力，但他忘不了拿破仑交代他的任务，导致法国军队最终的失败。

服从命令还是服从命运的召唤？格鲁希或许并没有错，但在某些关键位置与时刻，平庸就是犯罪。

在今天的职场与官场上，平庸的人太多，他们在日常工作中做着平凡的事，也没有什么问题，但是当改变历史进程的突发事件到来，平庸的人如果占据了重要岗位，带来的可能是一场灾难，果敢智慧能担大任的人接住了这次事件，就会成为一颗耀眼的新星。

天才的头脑灵光闪现

如果说有人类在某些方面终于超越了兽性，那便是人类灿烂的艺术与文化。

1737 年 4 月 13 日，因歌剧演出失利而怒气冲冲的音乐家亨德尔忽然间像一块巨石一样砰然倒地，他中风了，医生宣告他右侧瘫痪，再也不可能弹琴与创作了。为了恢复，亨德尔每天泡在阿亨热浪蒸腾的泉水中长达九个小时，而医生告诫他心脏的承受力只能是三个小时，比温泉更起作用的是他的意志力，他恢复了。

但是比身体残疾更折磨人的是精神的苦闷，直到命运把《弥赛亚》的剧本送到他的面前，这些歌词震撼了他，让他感受到了神的力量，在他脑中直接化作松涛流水之声，化作巨大的风暴，化作鸿蒙初辟时的壮丽天籁。他花了惊人的三个星期就完成了创作，期间他常常双膝跪地、泪流满面。他做到了，这首《弥赛亚》大获成功，创作给了他新生，也给人类留下灿烂的遗产。

类似的故事还有年轻的鲁热上尉一夜之间创作出传世的《马赛曲》，歌德经历了晚年的失恋终于完成了《浮士德》，达到了德意志文学的高峰……

前段时间某个节目抛出一个辩题很快火遍网络：假设美术馆发生大火，一幅名画和一只猫，只能救其中一个，你选择救哪一个？

这是一道文化与生命的选择题。我可能会像很多善良的人一样，认为生命无价，选择救猫。但是如果我们真的在人类灿烂的文化面前，感受到那种震撼，很可能会做出不同的选择。猫有生命，文化又何尝不是凝结了无数代人的生命的精华，假如世人再也看不到《红楼梦》或者《卡拉马佐夫兄弟》了，在最后焚毁的瞬间，一定有人丢了性命也要把它们留在世间。

文化与艺术，是人类在历史上留下的最崇高的印记，在一片吵吵嚷嚷中，伟大的精神遗产诞生了，我们从中感受力量、窥见历史、听见那个年代的人们的价值与尊严，直到人类灭绝，也许还能给外星文明或者接替我们的物种留下些许痕迹。

一个共同的人物特征贯穿在三大类故事当中，那就是：顽强的意志。无论是中风后重新站起来的亨德尔、穿越南极点的斯科特、封闭的列车里的列宁，甚至是错失战机的格鲁希，无论他们有怎样的弱点，他们都有钢铁般的意志，唯有这样才能在历史上留下只言片语。

虽然把人类的意志力描写得如此精湛，茨威格本人，却基于诗人的浪漫，更钟情于给历史赋予艺术家的气质，他说："历史在从事完美塑造的那些玄妙的瞬间，是无须他人辅助的。历史作为诗人、作为戏剧家在行事，任何诗人都不应企图超越他。"

于是"历史"这位艺术家便有了性格，他最重要的作品，就在他充满灵感的时刻完成，这个时刻或许只有一天、一小时甚至一分钟。他说："在人类的历史上，有很多决定历史走向的节点，一个影响深远的决定系于唯一的一个日期。"

我们是在读一部哲学书吗？我们是在含英咀华读文学啊！它不是真实的历史，它只是一篇篇优美的故事，这些故事令我们赞叹、感动，它们文采飞扬，充满了积极奋发的能量，是特别适合年轻人阅读的好书。

何况，根据平行宇宙理论，或许每一个时刻的不同的可能性，都配置了不同的宇宙。我们的宇宙之所以是现在这个样子，就是因为这些闪耀的时刻存在，它们可以不存在，但那种可能在遥远未知的其他宇宙里。

回到本文开头的问题，透过时间扫描仪，你会看到哪些奇点？

　　一点点遗憾是，茨威格不太了解中国，所以他的描写中没有中国人的影子。在我的心目中，也有一些耀眼的历史时刻，代表了我们民族的精神，可以媲美书中的十四个时刻。

　　年轻的屈原曾经意气风发，执掌楚国的政务，但却遭到同僚上官大夫的谗害，受到楚怀王的疏远与猜忌，继而流放了他，屈原日日在汨罗江边徘徊，最后终于魂归一江碧水。他看到百姓生活凋敝，夜夜掩卷长叹，忧愁幽思，脱口而出"长太息以掩涕兮，哀民生之多艰"，伟大的《离骚》就此诞生，中国文学耸立起第一座高峰。

　　汉朝的中国受北方匈奴侵犯已久，汉武帝元狩四年春，积蓄已久的反击之战开始！大将军卫青、骠骑将军霍去病各率5万骑兵及数万步兵分两路深入漠北，卫青遇见匈奴主力，捕获匈奴军1.9万余人凯旋。霍去病遇见匈奴左贤王之军作战，追至两千余里，几乎全歼敌军，封狼居胥。这场战役后，"匈奴远遁，漠南无王庭"。

　　这样的时刻还有很多。现在时光到了我们这个时代，灿烂的事件更加层出不穷，人们上九天揽月，下五洋捉鳖。这是一个伟大的时代，我们不仅书写过去，更珍惜当下、期待未来，我们终会见证更多的繁星闪耀在历史的天空。

22

我来到这个世界，不是为了做个好人

——威廉·萨默赛特·毛姆《月亮与六便士》

> 依我之见，艺术中最有意思的莫过于艺术
> 家的人格。艺术家哪怕有上千个缺点，但只要
> 有着特立独行的个性，那就是可取的。
>
> ——威廉·萨默赛特·毛姆《月亮与六便士》

"在浩瀚的太平洋上，散落着许多璀璨的明珠，塔希提就
是其中的一颗。它是一个迷人的旅游胜地。"

这是某部电影中葛优的一句台词，只不过，我把其中的"帕
劳"改成了"塔希提"，也丝毫没有问题。

塔希提这个岛，更为我们熟知的名字是"大溪地"。从一
个旅游者的角度去看，这颗南太平洋的珍珠是"最接近天堂的
地方"，纯净得令人窒息。

但是真正让大溪地有别于帕劳、斐济、塞班等一众海岛的，是曾有一位艺术天才在这里生活过——土著文化和欧洲文明在这里试图发生奇特的反应。

也许人的灵感在这样接近自然的地方更容易激发。画家高更说："只有大溪地的夜晚这样寂静，鸟叫声也不会干扰这寂静。四处有掉下来的枯叶的声音，像是心里在细微地颤动。我可以开始了解，为什么当地人坐在海滩上，一坐就是好几个小时，他们彼此都不言语。"

1892年高更第一次来到塔希提岛，三年后，他又一次离开法兰西来到这里，再也没有返回。在这里，高更摆脱了精神上的束缚，土著人的原始生活使他的作品中充满了神秘、原始的绘画理念。

我为了写这篇文章，找了高更几乎所有的画作来看，但我并不懂艺术，也感受不到这些作品有什么震撼之处。不过，作家毛姆说："艺术家哪怕有上千个缺点，但只要有着特立独行的个性，那就是可取的。"

若干年后，毛姆也来到这个岛上，他看到了高更居住过的地方，获得灵感，以高更为原型，创作了《月亮与六便士》一书。

对于文学作品，我可是很有些鉴赏和辨别的自信了，我毫不犹豫地想说，毛姆先生，感谢您讲了这样一个好故事，冷静克制又让人迷惑。

书中的主人公斯特里克兰原本是一名股票经纪人，过着富足的中产阶级生活。忽然之间中了邪，抛弃了之前的一切离家出走，投身于画画，而大家并不认为他有这方面的才能，但他就是这样做了，并因此穷困潦倒，不得不混迹社会最底层。

有人解读作者的意图是：在遍地是小面额的蝇头小利的人世间，竟然有人抬起头来仰望明月。

但是时代的变化如此巨大，当今读者的关注点已经成了"他是不是一个渣男"。

就像他的家庭怨恨他，很多读者也站在道德的制高点批判他，因为他不仅抛妻弃子，还"不主动、不拒绝、不负责任"地勾搭了恩人的老婆，然后又抛弃她致使她自杀。

没错，如果以社会人的道德标准去评价这样一个人，画家无疑是自私、可耻的。但是，严格说来他并不属于这个社会，他虽然身在文明社会，心却属于野蛮人。

终于他辗转来到塔希提岛，找到了属于自己的天地。他娶了土著女人，生活在丛林中，专心画画。女人于他不过是工具。当他最终完成惊世之作，也凤凰涅槃，随自己的作品一同离开人世。

他所做的一切就是顺从自己的天性，他说："我必须画画，就像溺水的人必须挣扎。"生活的全部意义就在于此了，他的心中根本就没处可以存放"道德"二字。

唯一值得他不离不弃终生追随的，是灵魂深处按捺不住的创作欲望和本能。

"那种本能虽然受他的生活环境所抑制，却像肿瘤在活体器官中膨胀那样顽强地生长着，最终控制了他整个人，迫使他不由自主地采取行动。就好像布谷鸟把蛋产到其他鸟类的巢里，新生的小鸟破壳而出之后，就把它的养兄养弟挤出去，最后还会破坏那个收容它的鸟巢。"

我们不会去责怪布谷鸟不道德，也不会责怪老虎暴虐凶残，因为这就是生存的机制，是自然的设计。这些不通世事的天才也是如此，然而他们不同于我们之处，就是他们能直面内心，把自己生而为人的特定目的放大，至于其他的事情，whatever。

在电影《海上钢琴师》中，钢琴师1900死也不肯走下他生活的那艘Virginian号游轮。我开始看电影的时候对1900是带着怨念的，多希望小号手Max把这个固执的家伙打晕，拖出去，拖到陆地上。但是后来我明白了他。鱼儿离不开水，鸟儿离不开蓝天，Virginian就是他的音乐之源，下了船他就不再是那个有音乐灵魂的1900，一个没有灵魂的人，活着又有什么意义呢？

艺术家往往都有些疯癫，当然1900因为没什么道德问题而更受人喜爱一些，但说到底这些精彩的灵魂都是天才与疯狂的混合体，正因其疯狂，他们才越显得与这平庸的社会格格不入，他们是"圆孔里的方塞子"。所以，请不要用世俗的道德来评判这样一些人。

斯特里克兰们来到这世间，不会去想究竟要不要去做一个好人，而是为了完成自己天赋的任务。只有完成，他们才能心满意足地想："我来过，我看过，我征服过。"

可是，生活从来不是只有一种模式，人与人也各不相同。那些世俗的好人，是不是就应该遭到鄙视呢？

就像书中平庸的画家斯特罗夫，自己画不出什么好作品，可是出于对艺术和天赋的慧眼和爱惜，就算赔上夫人也要对斯特里克兰毫无底线地退让。他也太没有"兽性"了吧？

斯特里克兰表达欲望的方式是创作，而布鲁诺船长表达欲望的方式就是普通的生活，在小岛上清理灌木、盖房子、种椰子，生儿育女，等他们长大，这样的生活也太不起眼了吧？

斯特里克兰太太，在被斯特里克兰抛弃之后很快地调整状态，开张经营了一个打字社，获得商业上的成功，独自养活了儿女之余还继续混迹上流社会，然而她始终以自食其力为耻，也始终在曲解斯特里克兰，在他死后继续"消费"他，这样的女人也太俗气了吧？

尽管克制地讽刺某些道貌岸然的圈子，但毛姆犀利的笔锋也没法去批评这些人。人性是如此复杂，无关对错好坏。这就是大千世界芸芸众生，有月亮也有便士，每个人有自己的角色，水的自由流淌汇聚出大江大河，人的自由流动形成最优的产业结构——每个人做自己，也终将形成合理的世界。

当然，把小说当成对现实具有指导意义的白皮书，那是傻瓜。写得再好，也不必对号入座，欣赏就好了。

23

站在命运转折的时空点
——艾萨克·阿西莫夫《永恒的终结》

> 有时候他会迷失在那古老的世界里，在那里人们生老病死，一切自然；在那里做出来的事覆水难收；在那里罪恶无法预防，幸福也无法规划，滑铁卢战役打输了，就真得作为败仗永留史册。有一首他很喜欢的诗说道，亲手写下的字句，永远也不能被抹去。
>
> ——艾萨克·阿西莫夫《永恒的终结》

爱科幻的人是幸福的，科幻大片往往都是想象力奇特、场面宏大，带给我们的不仅是视觉盛宴，更是思绪的飞翔。

爱科幻的人也是痛苦的——脱离了正常的生活场景，作品里的世界和现实如此错位，外星人各种可怕奇形怪状，山崩地裂洪水灾难说来就来，太阳熄灭……每一条都动摇我们脆弱的生存环境。光是感官的冲击还不够，它又轻易地把你从现实抽离，去进行终极思考，想到自身的渺小和孤寂，以及没有答案的无限未来，不寒而栗。

再加上如果没有一定的科学素养，都看不懂他在讲述什么，于是"烧脑"这样的评价就沸沸扬扬，搞得很多电影还得有专门的书去配合科普它。

在科幻的世界，底层的设定都是基于超越现实的未来科技。1900 年，曾有著名物理学家宣称："物理学的大厦已经建成，剩下的只是一些修修补补的工作。"但是不久就被现实狠狠打脸，相对论和量子力学这两朵"乌云"久久盘旋着不可调和，人们迟迟无法获知宇宙的尽头是什么？生命从何而来？

物理学的大厦尚未完工，这反倒成全了科幻小说。关于宇宙和生命的未解之谜给了人们无限的想象空间，也给了科幻作品取之不尽的素材，我们得以读到那么多的星际穿越、时空穿梭、外星人的故事。

然而深入故事的内核，却大多讲着类似的亘古不变的思考——茫茫宇宙，我从哪里来？谁是我们的邻居？世界是虚幻的吗？生命的法则是什么？什么是最好的生存模式？正因为背景的设定是如此庞大，科幻小说充满了哲学的思考。

阿西莫夫是科幻作家中的佼佼者。据说，当他去写科幻，是科普界的损失；当他去写科普，是科幻界的损失。幸运的是，科幻和科普他都写了，留下了 500 部作品。时间之神啊，如果我能写出一部他那样的作品，我也满足了。

阿西莫夫最著名的作品当数《基地》系列，但相比这套巨著，我更愿意推荐一本较短的《永恒的终结》。这本写于 1955 年的书，在时空中隐藏了 60 年，直到 2014 年才有中文译本和读者见面。令人惊讶的是，60 多年前，作者就如此纯熟地写时空穿梭的故事，看来是借了相对论的东风，来思考人类的发展和命运，才能历经世界风云变幻，现在读来毫不落伍。

公元 24 世纪，马兰松发明了时间力场，公元 27 世纪，人们在此理论基础之上创建了永恒时空。现在，进入永恒时空的人们可以在 27 世纪到 70000 世纪之间任意穿梭了，他们的主要任务就是不断地对这段现实做微调整。轻轻地拨动一下小事件的开关，就可以修正人类的错误，改变历史在一段时期的走向，避免灾难的发生。

一般时空的人对历史的改变毫无知觉，就好像进入了一个量子的平行宇宙，而过去那段时空的历史已经与现实不相干，如同一道涟漪终归会趋于平息。

永恒时空的人们克己尽责，经过了漫长的训练和实战，把自己的终生奉献给这项光荣的事业——为地球上一般时空的人类带来最大福祉。

在这里，时间的地位代替了空间。人们内心怀念的，是自己的时间故乡，而不是地理位置。你来自 75 世纪，我来自 30000 世纪，我们却都能在同一个时空中共事。

聪明的你一定发现了，为什么只到 70000 世纪，之后的人类是灭绝了吗？因为那里是一个"隐藏世纪"，留待爱阅读的人去亲自发现。

这是一件令人十分可怕的事情，既然历史可以修改，那么每个人都无法保证自己正在经历的一切就是真实的存在。当然，一般时空的人们不会记得，因为那属于不同的平行宇宙。可是，谁又能保证永恒时空的历史不被修改呢？毕竟永恒时空也是 27 世纪的人类创造的，而这个创造居然并不独立于因果链之外，故事就这样进入一个个反转和高潮。

有的科幻小说中，科技的成分多一些，另外一些则哲学思考的成分更多。《永恒的终结》应当属于后者。这个故事在追问：人类的发展与进化需要自由的试错，还是走一条精心设计的道路？

在回答这个问题之前，先要问一问，有没有一种力量能为我们铺设最优的道路？不管这种力量叫作"神"，还是"永恒之人"，还是什么其他，是什么机制来既保证其能力超常又保证其公正无私？

有一种永恒不变的东西，再高明的作家也不能弃之不顾：

人的善恶与欲望。

崇高如天神宙斯，也在处处留情调戏民女；书中的主人公哈伦，估计没有人喜欢，他心理阴暗、自以为是，除了聪明、懂得原始时空的历史之外，简直一无是处。但又是谁，赋予他来决定人类进程的使命？即使经过严格的训练，哈伦也无法抵抗激素的左右：突如其来的欢爱之情让他丧失判断力，所有的职业道德完全坍塌。

不过假设现在已经跨过这道坎儿，存在这样一种正确又正义的力量，我们真的可以选择所谓的最优路径，那我们究竟需不需要修改过的历史？相声里说，"我的愿望是世界和平"，剔除了战争、饥荒、瘟疫等各种危机的世界，是不是最好的呢？

作者的回答是进化论的，"物种进化是为了应对外部环境的压力。如果生活环境稳定不变，一个物种或许会在几百万个世纪里都保持原样。原始时代的人类之所以飞速进化，是因为他们的生活环境发生了剧烈的变化"。

"当人类学会如何为自己创造环境之后，他们就为自己创造了一个舒适稳定的生活环境，他们就会停止自然进化。"

古人说，生于忧患死于安乐，数百年的闭目塞听安于现状，最终积累成孱弱屈辱的晚清（如果历史可以修改，你是否愿意抹去这一段？），而危机往往会逼出社会的报复性发展，比如，"二战"催生了核武器和计算机，军备竞赛让大国竞相进入太空。

但是，更多的重大发现是在和平时期，牛顿在岁月静好的苹果树下发现了力学原理，相对论的诞生也源于一个天才的脑壳，与危机无关。

所以，危机引发进步究竟对不对？

其实在这里我们要探讨的不是怎样才能发展得更好，而是是否允许外来的力量干涉人类的发展。荀子说："天行有常，不为尧存，不为桀亡。"历史上，人类自相残杀，也残害其他物种，破坏环境，制造了许多的灾难——如果他们从来不曾存在过，现在的地球也许更加纯洁——但是地球依然在默默无言地运转。

既然这种生物已经发展并进化了，就像环境可以自净，人类社会也有自我修复的能力。一个最近的例子是，人类制造了如山的垃圾，越来越多的国家已经意识到这个问题，着手向垃圾宣战，加拿大政府近日宣布从 2021 年起全面禁止一次性塑料产品，与此同时，中国开始强制垃圾分类，虽然我们走得晚了（就像中国的科幻），但是只要我们走得坚定，我们总能实现目标。

自主发展的思想看上去是如此简单，不就是不干涉吗，但真正实施起来有多难？对于个人来说也是很难抉择的。

一条是鲜花铺就的道路，升学、工作、家庭，一切安排得极为完美，一条是未知的迷途，需要一边走一边清除路上的荆棘，稍不留神就会输得很惨，你会选哪一条？

一个孩子在成长的过程中，总会遇到各种问题，这时身经百战的家长，会不会化身正义之神，以自己的一腔关爱和自以为是的人生经验改变孩子的意志，让他避免可能遇到的麻烦？

……

在天体面前人类是微不足道的沙砾，可是这群沙砾和其他沙砾的不同之处，是总在思考星空与道德，想象和推导宇宙的奥秘，并试图遨游其中。

如果说我们长久以来被封闭在世界的中央，不知道还有更加精彩的生活方式。当时间把封闭的壁垒敲碎，在同一个地球村里各种文化互相碰撞和影响，我们一样不缺激情和行动。

2016 年 9 月 21 日，经过 22 年的准备，"天眼"工程正式落成启用，中国天眼从黔南的大山中望向苍穹，搜寻早期宇宙的蛛丝马迹。

2019 年 1 月 3 日，嫦娥四号探测器在月球背面自主着陆，在纯净的太空环境中探寻太空电波，通过鹊桥中继星发回地球。

2020 年 7 月 23 日，长征五号遥四运载火箭托举着中国首个火星探测器"天问一号"升空，"九天之际，安放安属？"屈老夫子的问题在几千年后终将等到回答。

在科幻界，有人说，刘慈欣单枪匹马把中国科幻提升到世界水平。这是事实，《三体》宏大的叙事场景和黑暗森林法则的确立让我们为之震撼，当《流浪地球》上映后，不尽完美的剧情让我们看到了中国人向着星辰大海出发的决心。

我坚信，抬头仰望星空的时代已经到来，此刻就是一个命运转折的时空点。